创新创业概论

主　编　李　政　钱　松
副主编　朱珊珊　吴翠翠　杨珺菲
主　审　钱继兵　朱志强

苏州大学出版社

图书在版编目(CIP)数据

创新创业概论 / 李政,钱松主编. --苏州:苏州大学出版社,2023.8(2024.7重印)
ISBN 978-7-5672-4252-4

Ⅰ.①创… Ⅱ.①李…②钱… Ⅲ.①大学生-创业 Ⅳ.①G647.38

中国国家版本馆 CIP 数据核字(2023)第 132550 号

书　　名:	创新创业概论
主　　编:	李　政　钱　松
责任编辑:	王　娅
装帧设计:	刘　俊
出版发行:	苏州大学出版社(Soochow University Press)
社　　址:	苏州市十梓街1号　邮编:215006
印　　刷:	苏州市深广印刷有限公司
邮购热线:	0512-67480030
销售热线:	0512-67481020
开　　本:	787 mm×1 092 mm　1/16　印张:10　字数:225千
版　　次:	2023年8月第1版
印　　次:	2024年7月第2次印刷
书　　号:	ISBN 978-7-5672-4252-4
定　　价:	38.00元

图书若有印装错误,本社负责调换
苏州大学出版社营销部　电话:0512-67481020
苏州大学出版社网址　http://www.sudapress.com
苏州大学出版社邮箱　sdcbs@suda.edu.cn

序言

  深化高等学校创新创业教育改革是国家实施创新驱动发展战略、促进经济提质增效升级的迫切需要，是推进高等教育综合改革、促进高校毕业生更高质量创业就业的重要举措。高等学校创新创业教育对于提升大学生对创新创业的认知，激发大学生积极参与创新创业，提高人才培养质量具有重要意义。

  本教材适应目前大学生创新创业的需求，从创新创业的意义、创新创业的基本内涵、创新创业的实践能力入手，针对目前高校主要参与的创新创业大赛与实际开展的创新创业实践教学，对大学生开展创新创业活动的基本思路、相关理论与实施方法进行了详细分析。本教材还对国家创新创业的相关政策进行解读，同时结合实际项目对中国国际"互联网+"大学生创新创业大赛等主流赛事的基本情况、参赛注意事项、材料准备要求、项目实施状况进行了详细的解读。本教材的特色主要有以下几个方面：首先是适应国家创新人才战略的具体要求，契合了应用型本科院校创新创业人才培养的需求；其次是对专利申报、科技查新、工商企业注册等实际创新创业技能进行讲解，以提升课程的应用性与实践性；最后以大学生创新创业大赛为载体，用实际案例培养学生的创新创业能力。

  本教材提供了丰富的创新创业实践案例库，并配有完备的电子教学资源，同时在超星平台、中国大学MOOC（慕课）等平台开设了在线开放课程，符合立体化、数字化教材建设的要求，能够帮助学生将自主学习与教师教学完美结合。

  本教材由苏州大学应用技术学院文旅学院执行院长钱继兵、创新创业中心主任朱志强任主审，由苏州大学应用技术学院李政、新疆理工学院钱松任主编，苏州大学应用技术学院朱珊珊、吴翠翠，新疆理工学院杨珺菲任副主编。教材编写的具体分工如下：第一章由钱松编写，第二章、第三章、第四章、第五章由李政、杨珺菲编写，第六章由吴翠翠编写，第七章由朱珊珊编写。

  本教材在编写过程中得到了苏州协鑫光伏科技有限公司、扬州杨杰电子股份有限公司的帮助与支持，在此一并表示感谢。

  由于编者水平所限，教材中难免有疏漏与错误之处，恳请广大读者批评指正。

目录

第一章 创新创业思维引导

第一节 创新创业的内涵 …………………………… (001)
第二节 创新创业理论 ……………………………… (004)
第三节 创新创业技能 ……………………………… (013)
任务与思考 ………………………………………… (025)

第二章 创新创业竞赛项目

第一节 中国国际"互联网+"大学生创新创业大赛
　　　………………………………………………… (026)
第二节 "挑战杯"全国大学生课外学术科技作品竞赛
　　　………………………………………………… (031)
第三节 "创青春"全国大学生创业大赛 ………… (034)
第四节 省级大学生创新创业训练项目 ………… (040)
任务与思考 ………………………………………… (045)

第三章 创新创业实践能力

第一节 商业模式创新 …………………………… (047)
第二节 工业设计 ………………………………… (052)
第三节 创新项目管理 …………………………… (056)
任务与思考 ………………………………………… (060)

第四章 创新创业教育实践

第一节 创新创业的前期准备工作 ……………… (061)
第二节 创业者的素质与创业成功者的主要特质 …… (064)
第三节 优秀创业团队的建设 …………………… (072)
第四节 企业组织形式的选择 …………………… (076)
第五节 企业名称的选择 ………………………… (081)

第六节　企业注册登记 …………………………………………………… (086)
　　任务与思考 ………………………………………………………………… (088)

第五章　创新创业项目选择

　　第一节　项目选择的影响因素和原则 …………………………………… (090)
　　第二节　创新创业项目选择的策略 ……………………………………… (096)
　　第三节　创新创业项目挖掘的方法与途径 ……………………………… (103)
　　第四节　创新创业的风险与规避 ………………………………………… (109)
　　第五节　创新创业项目类型 ……………………………………………… (115)
　　任务与思考 ………………………………………………………………… (120)

第六章　创新创业项目路演

　　第一节　商业计划书 ……………………………………………………… (121)
　　第二节　项目路演PPT …………………………………………………… (132)
　　第三节　项目路演注意事项 ……………………………………………… (138)
　　任务与思考 ………………………………………………………………… (141)

第七章　创新创业案例综述详解

　　第一节　项目概述 ………………………………………………………… (142)
　　第二节　项目框架结构解析及撰写 ……………………………………… (143)
　　任务与思考 ………………………………………………………………… (150)

参考文献 ……………………………………………………………………… (151)

第一章 创新创业思维引导

章节概要

创新创业是指基于技术创新、产品创新、品牌创新、服务创新、商业模式创新、管理创新、组织创新、市场创新、渠道创新等方面的某一点或几点创新而进行的创业活动。创新是创新创业的特质,创业是创新创业的目标。创新创业是基于创新基础上的创业活动,既不同于单纯的创新,也不同于单纯的创业。创新强调的是开拓性与原创性,而创业强调的是通过实际行动获取利益,创新是创业的基础和前提,创业是创新的体现和延伸。本章重点介绍创新创业的内涵、创新创业的基础理论与从事创新创业实践所需要的技能,旨在帮助学生树立创新创业意识与创新创业精神。

第一节 创新创业的内涵

一、创新的概念

创新是指以现有的思维模式提出有别于常规或常人思路的见解,利用现有的知识和物质,在特定的环境中,本着理想化需要或为满足社会需求,改进或创造新的事物、方法、元素、路径、环境,并能获得一定有益效果的行为。

创新,顾名思义即创造新的事物。创新一词出现得很早,如《魏书》有"革弊创新",《周书》有"创新改旧"。和创新含义相近的词汇有维新、鼎新等,如"咸与维新""革故鼎新""除旧布新"。"苟日新、日日新、又日新",这句出自商汤《盘铭》的话最早提出了中华民族对创新的思考。

创是始的意思,所以创造不是"后造",而是"始造"。通常说创造,含有造出了一个前所未有的事物的意味。而创新大致有两种意味。一种是创造了新的东西,这和创造实际是同一个意思。另一种是本来存在一个事物,将它更新或者创造出一个新事物来代替它。在这种意味下,创新中包含了创造。但创造不可能凭空而起,新的创造一般是建立在原有事物或其转化的基础上,包含了对原有事物的创新,因而创造中又包含了创新。人类的创造创新可以分解为两个部分,一个是思考，想出新主意；另一个是行动，根据新主意做出新事物。一般是先有创造创新的主意，然后有创造创新的行动。创造和创新还有一种特定的含义，即创造创新的主流定义——创造是指想新的，创新是指做新的。在英语中，"innovation"（创新）这个词起源于拉丁语。它有三层含义：第一，更新，就是对原有的东西进行替换；第二，创造新的东西，就是创造出原来没有的东西；第三，改变，就是对原有的东西进行发展和改造。

二、创新的内容

创新涵盖众多领域，包括政治、军事、经济、社会、文化、科技等各个领域的创新。因此，创新可以分为科技创新、文化创新、艺术创新、商业创新等。创新突出体现在三大领域：学科领域——表现为知识创新，行业领域——表现为技术创新，职业领域——表现为制度创新。

其中，知识创新是指通过科学研究，包括基础研究和应用研究，获得新的基础科学和技术科学知识的过程。知识创新的目的是追求新发现、探索新规律、创立新学说、创造新方法、积累新知识。知识创新是技术创新的基础，是新技术和新发明的源泉，是促进科技进步和经济增长的革命性力量。知识创新为人类认识世界、改造世界提供新理论和新方法，为人类文明进步和社会发展提供不竭动力。

参考案例 1-1、1-2

三、创业的概念

创业是创业者及创业搭档对他们拥有的资源或通过努力能够拥有的资源进行优化整合，从而创造出更大经济或社会价值的过程。创业是一种需要创业者及其创业搭档组织经营管理，运用服务、技术、器物作业的思考、推理和判断的行为。

根据杰夫里·提蒙斯（Jeffry Timmons）所著的创业教育领域的经典教科书《创业创造》（New Venture Creation）的定义：创业是一种思考、推理结合运气的行为方式，它为运气带来的机会所驱动，需要在方法上全盘考虑并拥有和谐的领导能力。

创业是以点滴成就、点滴喜悦致力于理解与创造新事物（新产品、新市场、新生产过程或原材料、组织现有技术的新方法）的机会，并运用各种方法去利用和开发它们，然后产生各种成果。创业包括领导者创业、企业家创业、大学生创业、草根创业等类型。改革开放以来，我国的创业浪潮主要经历了以下四个阶段。

20世纪80年代草根创业遍地开花，以农村专业户和城市个体户为主，如傻子瓜子、美的、新希望等；进入90年代以后主要表现为精英创业，如汇源、比亚迪、新东方、复星等；21世纪初知识分子率先进军互联网，如腾讯、百度、阿里巴巴等；21世纪前20年大众创业万众创新，大学生创业、"互联网+"等成为热词，涌现出美团、滴滴、拼多多、共享单车、字节跳动等创新公司。

参考案例 1-3、1-4、1-5

四、创新与创业的关系

创新是创业的基础，创新的成效，要通过未来的创业实践来检验；创业是创新的载体和表现形式，创业的成败依仗创新教育的根基扎实程度；创新是对人的发展的总体把握，创业着重的是人的具体价值；二者相互促进又相互制约，是密不可分的辩证统一体。

创新与创业的内容相似，并不说明二者可以相互替代。因为，仅仅具备创新精神是不够的，它只是为创业成功提供了可能性和必要的准备，如果脱离创业实践，缺乏一定的创业能力，创新精神也就成了无源之水、无本之木。创新精神所具有的意义，只有在创业实践活动中才能有所体现。创业与创新二者目标同向、内容同质、功能同效、殊途同归。创业与创新要围绕实践，通过多种途径有机融合。

（一）创新与创业的契合

虽然创业与创新是两个不同的概念，但是二者之间存在着本质上的契合、内涵上的相互包容和实践过程中的互动发展。首次提出创新概念的奥地利著名经济学家熊彼特认为，创新是生产要素和生产条件的一种从未有过的新组合，这种新组合能够使原来的成本曲线不断更新，由此会产生超额利润或潜在的超额利润。创新活动的这些本质内涵，体现着它与创业活动在性质上的一致性和关联性。

创新是创业的基础，而创业推动着创新。从总体上说，科学技术、思想观念的创新，促进了人们物质生产和生活方式的变革，引发了新的生产、生活方式，进而为整个社会不断提供新的消费需求，这是创业活动之所以源源不断的根本动因；另一方面，创业在本质上是人们的一种创新性实践活动，无论是何种性质、类型的创业活动，它们都有一个共同特征，那就是创业是主体的一种能动的、开创性的实践活动，是一种高度的自主行为，在创业实践过程中，主体的主观能动性将会得到充分发挥和张扬，正是这种主观能动性充分体现了创业的创新性特征。

（二）创业与创新的相互作用

创新是创业的本质与源泉，熊彼特曾提出，创业包括创新和尝试未曾尝试过的技术。创业者只有在创业过程中具有持续不断的创新思维和创新意识，才可能产生新的富有创意的想法和方案，才可能不断寻求新的模式、新的思路，最终获得创业的成功。

创新的价值在于创业，从一定程度上讲，创新的价值就在于将潜在的知识、技术和市场机会转变为现实生产力，实现社会财富的增长，造福人类社会。而实现这种转变的根本途径就是创业。创业者可能不是创新者或发明家，但必须具有发现潜在商机的能力和敢于冒险的精神；创新者也并不一定是创业者或是企业家，但是创新的成果必须经由创业者推向市场，使潜在的价值市场化，将创新转化为现实生产力。这也从侧面体现了创新与创业的相互关联。

（三）创业推动并深化创新

创业可以推动新发明、新产品或是新服务的不断涌现，创造出新的市场需求，从而进一步推动和深化各方面的创新，提高企业或整个国家的创新能力，推动经济的增长。

通过以上对于创业与创新关系的论述，我们知道二者内在关联、密不可分，我国高等院校的创业与创新教育应该渗透融合，弘扬创新创业精神，健全创新创业机制，完善创新创业环境，加强产学研结合，从而推动社会的可持续发展。

第二节 创新创业理论

一、TRIZ 理论

（一）TRIZ 理论的起源与发展

20 世纪 40 年代，苏联科学家阿奇舒勒（Genrikh Altshuller）提出：一旦我们对大量好的专利进行分析，提炼出问题的解决模式，我们就能够学习这些模式，从而创造性地解决问题。他带领团队开始了一项伟大的研究，希望找到发明创造的方法。经过 50 多年对 250 万件专利文献加以搜集、研究、整理、归纳、提炼和重组，一整套体系化的、实用的解决发明问题的理论方法——TRIZ（发明问题解决理论）得以建立。TRIZ 理论被认为是创新的点金术，具有重要的应用价值。

TRIZ 理论迅速在全球传播，欧洲建立了 TRIZ 协会，即 Europaeische TRIZ Association，简称 ETRIZ。德国的斯图加特工业大学、卡塞尔工业大学和伊尔玛瑙工业大学都开设了学习 TRIZ 理论的课程。自动化公司罗克韦尔（Rockwell）在一位 TRIZ 理论咨询师的帮助下成功地把一个刹车系统的零件由 12 件减为 4 件，同时造价下降 50%。福特（Ford）发动机公司从 1995 年起举办 TRIZ 理论培训，已培养掌握 TRIZ 理论的工程师 800 人。福特公司为一种传动轴承问题探索解决办法，该轴承在有载负时经常会偏离正常工作位置。应用 TRIZ 理论后产生了 28 个新的设计方案，其中一种设计方案显示，这种轴承具有很小的热膨胀系数，在较高载荷下产生高温时其优点很明显，载荷越大，轴承的位置越稳定，这个难题从而得到了解决。日本三菱研究所于 1998 年开办了 TRIZ 理论培训班，已有超过 2 000 人接受了培训，产生了 100 多个达到较高水平的创新案例。

目前，TRIZ 理论已在自动控制、电气与电子、航天航空、机械仪器、动力、汽车、化工制药、医疗卫生、轻工和食品等十大技术领域发挥着作用，并延伸到非技术领域。国外 TRIZ 理论专家尝试把 TRIZ 理论用于管理和商业领域，并取得了一定成果。TRIZ 理论正成为全能的创新方法。由于在阿奇舒勒时代，信息技术和生物技术还处于初级阶段，因此 TRIZ 理论中少有表述，一些 TRIZ 理论大师正在对 TRIZ 理论做完善和补充工作。如增加了技术系统工程通用参数的数量和发明创造原理的数量，把解决物理矛盾的分离原理调整为 4 个，增加了效应库中有关信息和生物技术的内容等。

中国政府从建设创新型国家这一宏伟战略目标出发，十分重视对 TRIZ 理论的研究、推广和应用工作。科技部、发改委、教育部和中国科协于 2008 年联合发布《关于加强创新方法工作的若干意见》（国科发财〔2008〕197 号），文件中三次提到要推广和应用 TRIZ 理论。许多省份根据 197 号文件的要求，开展了 TRIZ 理论的培训。

一些技术咨询公司最近也开出多种形式的 TRIZ 理论培训班，参加者人数众多。

（二）TRIZ 理论的定义

TRIZ 理论是一种基于知识的方法，注重解决发明问题的启发式的知识。TRIZ 理论是面向人，而不是面向机器的，是系统化的方法，是解决发明问题的理论。因此，我们可以得出结论——TRIZ 理论是基于知识的、面向设计者的创新问题的系统化解决方法，对于创新设计具有方法论层面的指导意义。

（三）TRIZ 理论的体系结构

根里奇·阿奇舒勒和他的 TRIZ 研究机构 50 多年来发明了 TRIZ 系列的多种工具，如冲突矩阵、76 标准解答、ARIZ、AFD、物质-场分析、ISQ、DE、8 种演化类型、科学效应等。目前已形成完善的理论体系（图 1.1）。

技术系统的进化模式是 TRIZ 理论的基础。该模式包含工程技术系统进化的基本规律，理解这些模式可以帮助人们形成对问题发展轨迹的总体概念，得到对其发展前景的正确判断，从而增强人们解决问题的能力。任何领域的技术产品都与生物系统一样，存在着产生、生长、成熟、衰老和灭亡的规律，掌握了这些规律，人们就可以能动地进行产品的创新设计并预测产品的未来趋势。就像人类的计算技术一样，先是算盘的发明、推广和广泛运用，随着计算机的出现，算盘走向了衰亡。计算技术的演变如图 1.2 所示。

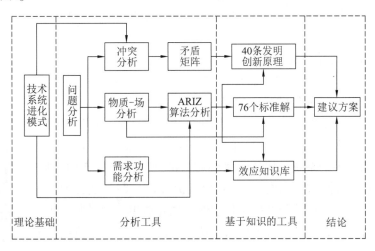

图 1.1　TRIZ 理论的体系结构

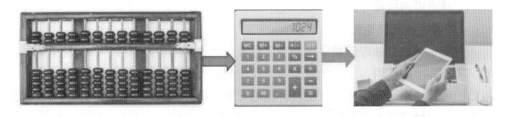

图 1.2　计算技术的演变

TRIZ 理论包含了 40 条发明创新原理（表 1.1）。发明创新原理来源于对大量专利创新进行的整理分析。

表 1.1　TRIZ 理论包含的 40 条发明创新原理

序号	原理名称	序号	原理名称	序号	原理名称	序号	原理名称
No. 1	分割	No. 11	预先应急措施	No. 21	紧急行动	No. 31	多孔材料
No. 2	抽取	No. 12	等势性	No. 22	变害为利	No. 32	改变颜色
No. 3	局部质量	No. 13	逆向思维	No. 23	反馈	No. 33	同质性
No. 4	非对称	No. 14	曲面化	No. 24	中介物	No. 34	抛弃与修复
No. 5	合并	No. 15	动态化	No. 25	自服务	No. 35	参数变化
No. 6	多用性	No. 16	不足或超额行动	No. 26	复制	No. 36	相变
No. 7	套装	No. 17	维数变化	No. 27	廉价替代品	No. 37	热膨胀
No. 8	重量补偿	No. 18	振动	No. 28	机械系统的替代	No. 38	加速强氧化
No. 9	增加反作用	No. 19	周期性动作	No. 29	气动与液压结构	No. 39	惰性环境
No. 10	预操作	No. 20	有效运动的连续性	No. 30	柔性壳体或薄膜	No. 40	复合材料

同时，TRIZ 理论还包含了 76 个标准解，其中不改变或仅少量改变已有系统的 13 种、改变已有系统的 23 种、系统传递的 6 种、检查与测量 17 种、简化与改进策略 17 种。

（四）TRIZ 理论中的科学思维

TRIZ 理论认为，矛盾是普遍存在的，对立统一是辩证看待矛盾的科学观点，矛盾的解决是推动系统进化的唯一途径。系统应相对其环境独立，与环境有一定的边界，保持稳定。系统得到输入量，经系统处理，向外进行输出。系统内部有功能组元和物理组元，物理组元是功能组元的载体，组元间网络状的联系和互动构成复杂而有序的系统，以达到最终有目的地改变输入量的目标。TRIZ 理论中有三种分析问题的方法：比较分类法；归纳法，即通过归纳找到普遍规律、通过归纳提出科学的假说和猜想、通过归纳指导科学实验；分析法，包括系统分析法、功能结构分析法、组成组元分析法。

参考案例 1-6

二、技术创新理论

（一）技术创新理论概述

人们对创新概念的理解最早主要是从技术与经济相结合的角度，探讨技术创新在经济发展过程中的作用，主要代表人物是现代创新理论的提出者约瑟夫·熊彼特。独具特色的创新理论奠定了熊彼特在经济思想发展史研究领域的独特地位，也成为其经济思想发展史研究的主要成就。

熊彼特认为，所谓创新就是要建立一种新的生产函数，即生产要素的重新组合，就是要把一种从来没有过的关于生产要素和生产条件的"新组合"引进生产体系中，以实现对生产要素或生产条件的"新组合"。作为资本主义"灵魂"的"企业家"的职能就是实现"创新",引进"新组合"。所谓"经济发展"就是指整个资本主义社会不断地实现这种"新组合",或者说资本主义的经济发展就是这种不断创新的结果;而这种"新组合"的目的是获得潜在的利润,即最大限度地获取超额利润。周期性的经济波动正是起因于创新过程的非连续性和非均衡性,不同的创新会对经济发展产生不同的影响,由此形成时间不同的经济周期。当经济进步使得创新活动本身降为"例行事物"时,企业家将随着创新职能减弱、投资机会减少而消亡,资本主义也不能再存在下去。因此,他提出,"创新"是资本主义经济增长和发展的动力,没有"创新"就没有资本主义的发展。

熊彼特以"创新理论"解释资本主义的本质特征,解释资本主义发生、发展和趋于灭亡的结局,影响颇大。他在《经济发展理论》一书中提出"创新理论"后,又相继在《经济周期》和《资本主义、社会主义和民主主义》两书中加以运用和发挥,形成了以"创新理论"为基础的独特的理论体系。"创新理论"的最大特色,就是强调生产技术的革新和生产方法的变革在资本主义经济发展过程中至高无上的作用。但在分析中,他抽掉了资本主义的生产关系,掩盖了资本家对工人的剥削实质。

根据创新浪潮的起伏,熊彼特把资本主义经济的发展分为三个长波:(1)1787—1842年是产业革命的发生和发展时期;(2)1842—1897年为蒸汽和钢铁时代;(3)1898年以后为电气、化学和汽车工业时代。第二次世界大战后,许多著名经济学家也研究和发展了创新理论,20世纪70年代以来,门施、弗里曼、克拉克等用现代统计方法验证熊彼特的观点,并进一步发展了创新理论,被称为"新熊彼特主义"和"泛熊彼特主义"。进入21世纪,在信息技术推动下,知识社会的形成及其对创新的影响进一步被认识,科学界进一步反思对技术创新的认识,创新被认为是各创新主体、创新要素交互作用下的一种复杂涌现现象,是创新生态下技术进步与应用创新的创新双螺旋结构共同演进的产物,关注价值实现、关注用户参与的以人为本的创新2.0版也成为新世纪人们对创新的重新认识、探索与实践。

(二) 创新的五种情况

熊彼特进一步明确指出"创新"的五种情况。

第一,采用一种新的产品,也就是消费者还不熟悉的产品,或一种产品的一种新的特性,如可以咀嚼的新型饮料(图1.3)。

第二,采用一种新的生产方法,也就是在相关制造部门中尚未通过经验鉴定的方法,这种新的方法不需要建立在新的科学发现基础之上,并且,也可以存在于商业上处理一种产品的新的方式之中。

图1.3 可以咀嚼的新型饮料

第三,开辟一个新的市场,也就是有关国家的某一制造部门以前不曾进入的市场,不管这个市场以前是否存在过,如探索非洲的高铁市场(图1.4)。

图1.4 拓展非洲高铁市场

第四，掠取或控制原材料或半制成品的一种新的供应来源，无论这种来源是已经存在的，还是第一次创造出来的。

第五，实现任何一种工业的新的组织，比如形成一种垄断地位（"托拉斯化"），或打破一种垄断地位。

后来人们将其归纳为五个创新，依次对应产品创新、技术创新、市场创新、资源配置创新、组织创新，而这里的"组织创新"也可以看成是部分的制度创新，当然仅仅是初期的狭义的制度创新。

（三）熊彼特创新理论的基本观点

熊彼特的创新理论主要有以下几个基本观点：

第一，创新是生产过程中内生的。他说："我们所指的'发展'只是经济生活中并非从外部强加于它的，而是从内部自行发生的变化。"尽管投入的资本和劳动力数量的变化能够导致经济生活的变化，但这并不是唯一的经济变化，还有另一种经济变化，它是不能用外部影响来说明的，它是从体系内部发生的。这另一种经济变化就是"创新"。

第二，创新是一种"革命性"变化。熊彼特曾做过这样一个形象的比喻：你不管把多大数量的驿路马车或邮车连续相加，也绝不能得到铁路。"而恰恰就是这种'革命性'变化的发生，才是我们要涉及的问题，就是在一种非常狭窄和正式意义上的经济发展的问题。"这充分强调了创新的突发性和间断性特点。

第三，创新同时意味着毁灭。一般来说，"新组合并不一定要由控制创新过程所代替的生产或商业过程的同一批人去执行"，即并不是驿路马车的所有者去建筑铁路，而恰恰相反，铁路的建筑意味着对驿路马车的否定。所以，在竞争性的经济生活中，新组合意味着对旧组织通过竞争而加以消灭，尽管消灭的方式不同。如在完全竞争状态下的创新和毁灭往往发生在两个不同的经济实体之间，而随着经济的发展和经济实体的扩大，创新更多地转化为一种经济实体内部的自我更新。

第四，创新必须能够创造出新的价值。熊彼特认为，先有发明，后有创新。发明是新工具或新方法的发现，而创新是新工具或新方法的应用。"只要发明还没有得到实际上的应用，那么在经济上就是不起作用的。"因为新工具或新方法的使用在经济发展中起到的作用就是创造出新的价值。把发明与创新割裂开来，有其自身的理论缺陷，但强调创新是新工具或新方法的应用，必须产生出新的经济价值，这对创新理论的研究具有重要意义。所以，这个思想为此后诸多研究创新理论的学者所继承。

第五，创新是经济发展的本质规定。熊彼特力图引入创新概念以便从机制上解释经济发展。他认为，可以把经济区分为"增长"与"发展"两种情况。所谓经济增长，如果是由人口和资本的增长所导致的，并不能称作发展。因为它本质上没有产生新的现象，而只有同一种适应过程，像在自然数据中的变化一样。"我们所意指的发展是一种特殊的现象，同我们在循环流转中或走向均衡的趋势中可能观察到的完全不同。它是流转渠道中的自发的和间断的变化，是对均衡的干扰，它永远在改变和代替以前存在的均衡状态。我们的发展理论，只不过是对这种现象和伴随它的过程的论述。"所以，"我们所说的发展，可以定义为执行新的组合"。这就是说，发展是经济循环流转过程的中断，就是实现了创新，创新是发展的本质规定。

第六，创新的主体是"企业家"。熊彼特把"新组合"的实现称之为"企业"，那么以实现这种"新组合"为职业的人便是"企业家"。因此，企业家的核心职能不是经营或管理，而是看其是否能够实现这种"新组合"。这个核心职能又把真正的企业家活动与其他活动区别开来。每个企业家只有当其实际上实现了某种"新组合"时才是一个名副其实的企业家。熊彼特对企业家的这种独特界定，目的在于突出创新的特殊性，说明创新活动的特殊价值。但是，以能否实际实现某种"新组合"作为企业家的内在规定性，这就过于强调了企业家的动态性，不仅给研究创新主体问题带来困难，而且在实际生活中也很难把握。

学术界对熊彼特的创新理论开展了进一步研究，使创新经济学研究日益精致和专门化，仅创新模型就出现了许多种，代表性的模型有技术推动模型、需求拉动模型、相互作用模型、整合模型、系统整合网络模型等，构建起技术创新、机制创新、创新双螺旋等理论体系，形成关于创新理论的经济学理解。

三、创新扩散理论

（一）创新扩散理论的提出背景

自19世纪开始，创新的浪潮席卷全球，新观念、新工艺、新装置不断涌现，创新的理念、思想、工艺等在文化、社会、经济的交融下不断碰撞，创新的思维及产品不断出现。工业革命期间，创新的速度加快了，运输工具和传播手段也有了长足进步，19世纪30年代的便士报、40年代的电报、70年代的电话，20世纪初期的广播和电影，原来通过口头传播信息的方式变成通过各种媒介传播信息。

创新扩散的早期阐释者是法国社会学家加比尔·塔尔德和佩姆伯顿。

他们提出了两种路径：其一，心理学角度。塔尔德提出了"模仿法则"。塔尔德集中研究人们的心理过程，在这一过程中，个人知晓、权衡，然后做出决定，接受还是抛弃某个文化特质。他认为，人类通过一系列的"暗示"过程，将"事物"的特性与人类"欲求"联系起来，这一决策过程存在某种"模仿法则"。但是他没有看到创新的采用和公众通过大众传播了解某一创新之间所存在的联系。

其二，社会学家佩姆伯顿没有像塔尔德那样将对新的文化特质的接受用模仿之类的心理规律来表述，而是提出了创新被采用的基础是人们之间以某种形式的"文化互动"表现出来的偶然现象。他的研究符合当时人们的主要观察发现，即用生物学、经济学的模式表述生物增长、人口增长、经济发展速度的现象。佩姆伯顿经研究发现了某种特殊的曲线——正态积累曲线（图1.5），这说明存在着某种普遍的规律。

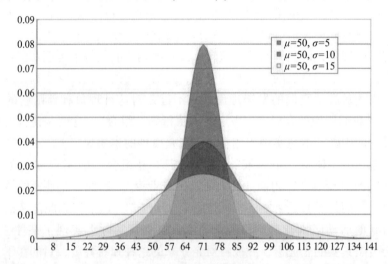

图1.5　正态积累曲线

他坚持认为，在任何给定时间内，采用的速度"是由这一事实决定的，即一段时间内，某个特质被人们接受的过程之所以呈现上述分布形式，是因为这一过程中的文化互动正好符合实验所证明的正态分布的条件"，即它们存在偶然性，是随机事件。但是他仍没有弄明白，当发明或某些文化上的创新在社会中传播时，单个人是如何接受它的，即还没有弄明白，创新是如何引起人们注意的，他们又是如何决定什么时候接受它的，为什么有些创新得到了广泛的传播，其他的则被大多数人忽视。

（二）创新扩散理论的集大成者

埃弗雷特罗杰斯是美国20世纪著名的传播学者、社会学家、作家，他首先提出了创新扩散理论，并通过1962年出版的《创新的扩散》一书将其研究成果进一步明确化、体系化。该书通过数次自我否定和自我修正在不同领域反复验证，并对506个过程研究进行总结，包括医药卫生、农业技术、教育改革、计划生育、消费品、机械技术等领域新事物的采用和普及过程。

罗杰斯对创新扩散理论进行了系统总结，他认为创新是一种被个人或其他采用单位视为新颖的观念、实践或事物。需要强调的是，作为"创新"的观念、实践、事物或方法等，其自身是不是新生的并不重要，重要的是人们认为它是新的。创新扩散的过程包括五个阶段：获知阶段——个人开始了解、知道某一创新，并且对其功能有一定的认识；说服阶段——个人对某一创新发明形成赞同或不赞同的态度；决定阶段——个人参与到其中，决定是采用还是拒绝这一创新发明；实施阶段——个人将创新发明投入实际运用中；确认阶段——个人对创新运用结果的评估。因此，创新扩散的过程并不是线性的，而是一个复杂的过程，涉及诸多变量，如采纳者的个人特性、创新属性、传播渠道、沟通环境等。

罗杰斯研究了创新决策中的控制变量，认为采纳者的个人特征、社会特征、对创新的需要的意识等将制约采纳者对新事物的接受程度。此外，社会系统规范、对偏离的容忍度、传播完整度等也将影响新事物被采纳的程度。在创新扩散过程的不同阶段，大众传播渠道和外地渠道在信息认知阶段相对来说更为重要，而人际渠道和本地渠道在劝说阶段更为得力；大众媒介与人际传播的结合是新观念传播和说服人们利用这些创新事物的最有效途径，大众传播可以较为有效地、有力地提供新信息，而人际传播可以更有力地改变人的态度与行为。传播的过程通常呈 S 形曲线，在扩散早期，采用者较少，进展速度也很慢；当采用者人数扩大到居民的 10%~25% 时，进展突然加快，曲线迅速上升并保持这一趋势，即所谓的"起飞期"，在接近饱和点时，进展又会减缓。

接受者类型一般分为创新者、早期采用者、早期采用人群、后期采用人群、落后者。创新者是勇敢的先行者，他们自觉推动创新，在创新交流过程中发挥着非常重要的作用。早期采用者一般是受人尊敬的社会人士，是公众意见领袖，他们乐意引领时尚、尝试新鲜事物，但行为谨慎。早期采用人群一般是有思想的一群人，也比较谨慎，但他们较之普通人群更愿意、更早地接受变革。后期采用人群通常是指持怀疑态度的一群人，只有当社会大众普遍接受了某一新鲜事物，他们才会采用。落后者则是保守传统的一群人，习惯于因循守旧，对新鲜事物吹毛求疵，只有当新的事物发展成为主流、成为传统时，他们才会被动接受。

四、创业机会认知

（一）创业机会的概念与特征

美国经济学家柯兹纳认为，机会是未明确的市场需求或未充分使用的资源或能力。它不同于有利可图的商业机会，其特点是发现甚至创造新的手段-目的关系来实现创业收益。

创业机会主要是指具有较强吸引力、较为持久的、在一定时空范围内有利于创业的商业机会，创业者可以据此为客户提供有价值的产品或服务，并同时使创业者自身获益。

因此创业机会具有以下特征：有吸引力（消费者愿意购买该产品和服务）、持久性（市场提供相对足够的时间使创业者对创业机会进行开发）、适时性（创业机会存在于一定的时间和空间范围）、创造顾客价值（创业机会应为企业和顾客带来价值）。

（二）创业机会的来源

创业机会大都产生于不断变化的市场环境，一旦宏观环境变化带来市场需求，市场结构发生变化，就会给各行各业带来机会。变化中的社会因素影响社会对产品或服务的需要，也会改变企业的战略选择和发展方向。如生活水平的提高产生新的消费需求，进而出现供给结构缺陷，市场结构"差距"就会带来创业机会。

参考案例 1-7、1-8

（三）创业机会的类型

按机会来源划分，创业机会可以分为问题型机会、预测型机会、组合型机会。所谓问题型机会，即基于顾客现有需求，或尚未解决的问题而产生的着眼于实际的创业机会；预测型机会，即基于环境的动态变化，对顾客的潜在需求进行预测而产生的着眼于未来的创业机会；组合型机会，即基于环境变化、顾客需求、创新变革、市场竞争等多种因素，为创造新价值而产生的创业机会。

五、创业机会识别

（一）创业机会的识别过程

创业机会的识别过程包含了三个阶段，即充分挖掘创业机会、排除受严重限制的创业机会、对创业机会进行排序。充分挖掘创业机会，即创业者从不同视角，结合个人与环境的特征，充分发掘创业机会，将每个创业机会罗列出来；排除受严重限制的创业机会，如政策限制、行业准入、资源紧缺、缺乏突出优势、启动资金过大、直接面对强大对手、严重依附他人；对创业机会进行排序，即在排除严重受限的创业机会后，可以根据一定的标准，对得到的若干个比较好的创业机会进行排序，其主要依照标准是市场需求及自身优势。

（二）影响创业机会识别的因素

本质上说，机会识别是具有较强主观色彩的行为。与机会识别相关的个人特征包括自信心、觉察力、风险感知、知识水平、社交网络等。其个人因素并非各自独立存在，而是彼此之间存在一定的相关性。创业者应该全面提升个人素质与能力以便更好地识别创业机会。

参考案例 1-9

（三）识别创业机会的技巧

通过市场对比识别创业机会：① 显性市场机会和潜在市场机会：现有市场较显性，发现者多，竞争激烈；潜在市场较隐性，识别难度大，蕴含巨大商机。② 现有市场机会与未来市场机会：如果创业者提前预测到某种机会可能出现，在这种市场机会到来前做足准备，可获得领先优势。③ 整体市场机会与局部市场机会：在大市场环境中寻求宏观市场机会，在整体中发掘局部或细分市场机会，创业者可集中优势资源投入目标市场，增加成功概率。④ 行业市场机会与边缘市场机会：不同行业之间交叉结合部分的边缘市场机会难以被发现，需要有丰富的想象力和大胆的开拓精神，开发难度虽大但成功率较高。

六、创业机会评价

蒂蒙斯（Timmons）提出创业机会评价框架体系，该评价体系包含 8 项一级指标、53 项二级指标，包括行业和市场、经济因素、收获条件、竞争优势、管理团队、致命缺陷、创业家的个人标准、理想与现实的战略差异等方面，该评价体系被认为是目前最为全面的创业机会评价指标体系。

第三节 创新创业技能

创新创业技能涉及内容广泛,在创新创业过程中,文献信息收集与整理能力至关重要。因此,本节将重点介绍文献的基本概念、文献组织与分类、文献检索的方案等相关内容,尤其是新兴信息库在文献信息检索中的应用等。同时,知识产权的申报也是创新创业的重要技能之一。因此,本节对专利的概念、作用、申报流程做了详细阐述。

一、文献概念

据统计,全世界每年出版的图书有80万~90万种,期刊约2万种,研究报告70余万篇,专利说明书100多万件,会议论文10多万篇,技术标准约75万件,产品样本约50万件,学位论文达10万篇,政府出版物20多万种,技术档案类超百万件。平均每天出版文献达32万件,其中科技文献占有相当大的比重。科技文献的出版发行,不仅数量庞大,而且增长的速度也令人惊叹。据统计,非科技文献每30~50年才增长1倍,而科技文献平均每7~8年增长1倍,某些尖端科学领域和新兴学科的文献的增长速度更快,如原子能科学、环境科学和计算机科学的文献,每2~3年就翻一番。因此,在信息大爆炸时代,进行创新就需要掌握检索文献的能力,通过文献查阅了解本领域的最新发展趋势,利用已有的成果进行创新创业对大学生来说具有重要的意义。

二、大学生必备的信息素质

信息素质是人类素质的一部分,是由信息知识、信息意识、接受教育、环境因素等形成的一种稳定的、基本的、内在的个人心理品质。信息素质是信息时代学习者的执照,信息素质既是一种能力素质,更是一种基础素质,指在信息化社会,人们运用实际技能对信息进行筛选、鉴别和利用的能力。其主要内涵可以归纳为信息意识、信息能力、信息道德。

① 信息意识。信息意识是指信息在人们头脑中直接反映的总和,它包含了对于信息敏锐的感受力、持久的注意力和对信息价值的判断力及洞察力。

② 信息能力。信息能力指人们获取(收集)信息、处理(整序)信息、利用信息、评价信息进而创造新信息和新知识的能力。

③ 信息道德。指人们在信息活动中应遵循的道德规范,如保护知识产权、尊重个人隐私、抵制不良信息等。

三、文献分类与组织

文献分类的意义在于,它给文献整理和排架提供了依据,将内容相近或相似的文献放在一起,利于查找和利用,是整理文献的重要手段之一。

文献分类法是按文献的内容、形式、体裁和读者用途等方法,在一定的哲学思想指导下,运用知识分类的原理,采用逻辑方法(层次型或树型)编制的一种从总到分、从一般到具体、层层划分、逐级展开的分门别类的符号代码体系。

《中国图书馆图书分类法》简称《中图法》：《中图法》把全部的知识门类分为马列主义、毛泽东思想、邓小平理论，哲学，社会科学，自然科学，综合性图书这五大部类，在此基础上建立了由 22 个大类组成的体系。在大类的基础上，逐级展开为 384 个小类，用字母和数字表示。根据需要再逐级细分，形成了严密的分类体系，如图 1.6 所示。

人类的知识	马列毛邓	A	中国图书馆图书分类法示意图						
	哲学	B							
	社会科学	C 总论	D 法律	E 军事	F 经济	G 教育	H 语言文字	I 文学	J 艺术	K 历史地理
	自然科学	N 总论	O 数理化	P 天文地球	Q 生物科学	R 医药卫生	S 农业科学	T 工业技术	U 交通科学	V 航空航天	X 环境科学
	综合性	Z							

图 1.6　中国图书馆图书分类法

索书号/索取号：分类号是图书馆工作人员根据文献在分类表中所属类别赋予的号码。为了区分同一类别的不同图书，每一种书又被赋予了书次号，分类号和书次号合在一起就是索书号，表达了文献所在的唯一物理位置，能唯一锁定个体图书馆的一种书，是读者查找文献的重要依据。

系统号：每个数据库系统给予该系统纪录的唯一识别号码。

书库图书和期刊都是按《中图法》分类号顺序排架的，以 TH 机械仪表、TP 自动化等专业为例，其排架示意图如图 1.7—图 1.10 所示。

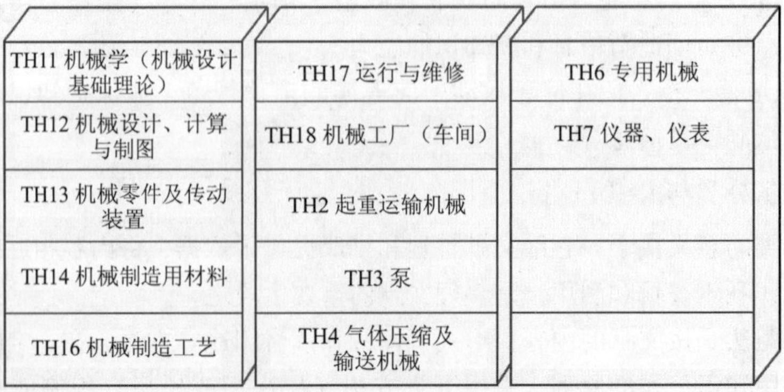

TH11 机械学（机械设计基础理论）	TH17 运行与维修	TH6 专用机械
TH12 机械设计、计算与制图	TH18 机械工厂（车间）	TH7 仪器、仪表
TH13 机械零件及传动装置	TH2 起重运输机械	
TH14 机械制造用材料	TH3 泵	
TH16 机械制造工艺	TH4 气体压缩及输送机械	

图 1.7　TH 排架示意图

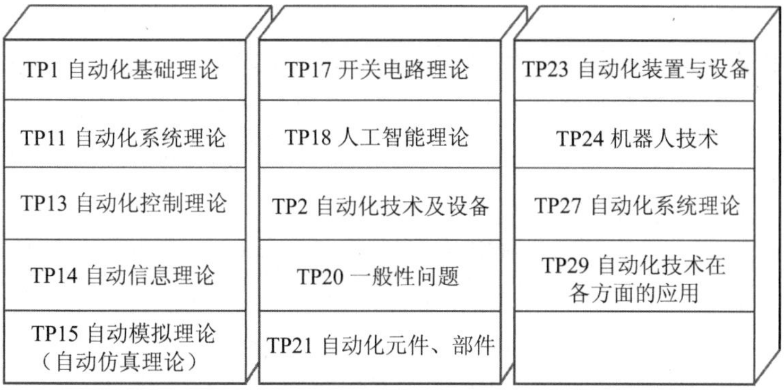

TP1 自动化基础理论	TP17 开关电路理论	TP23 自动化装置与设备
TP11 自动化系统理论	TP18 人工智能理论	TP24 机器人技术
TP13 自动化控制理论	TP2 自动化技术及设备	TP27 自动化系统理论
TP14 自动信息理论	TP20 一般性问题	TP29 自动化技术在各方面的应用
TP15 自动模拟理论（自动仿真理论）	TP21 自动化元件、部件	

图 1.8　TP 排架示意图

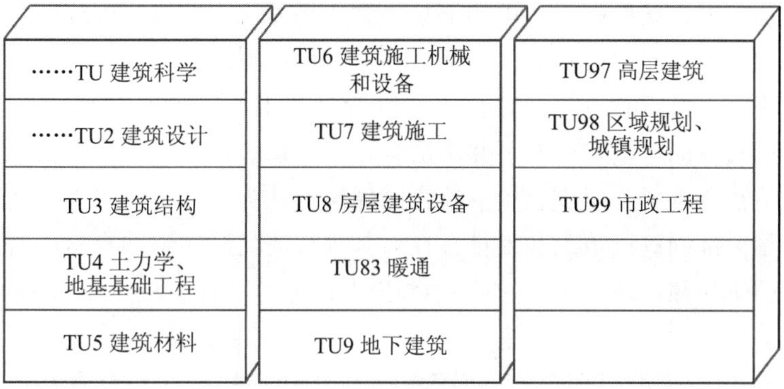

……TU 建筑科学	TU6 建筑施工机械和设备	TU97 高层建筑
……TU2 建筑设计	TU7 建筑施工	TU98 区域规划、城镇规划
TU3 建筑结构	TU8 房屋建筑设备	TU99 市政工程
TU4 土力学、地基基础工程	TU83 暖通	
TU5 建筑材料	TU9 地下建筑	

图 1.9　TU 排架示意图

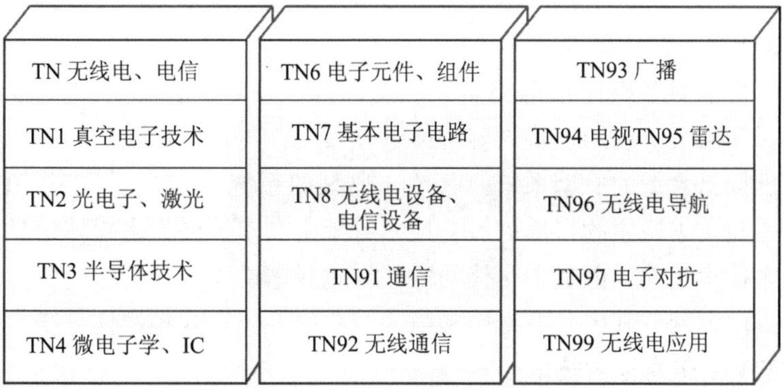

TN 无线电、电信	TN6 电子元件、组件	TN93 广播
TN1 真空电子技术	TN7 基本电子电路	TN94 电视TN95 雷达
TN2 光电子、激光	TN8 无线电设备、电信设备	TN96 无线电导航
TN3 半导体技术	TN91 通信	TN97 电子对抗
TN4 微电子学、IC	TN92 无线通信	TN99 无线电应用

图 1.10　TN 排架示意图

三、文献信息检索技术

（一）全文检索技术

全文检索是以全文本信息为主要检索对象，允许用户以布尔逻辑和自然语言，根据资料内容而不是外在特征来实现检索的先进的检索技术。全文检索系统标引方式有词典法标引、单汉字标引、特殊标引等。以全文检索为核心技术的搜索引擎已成为信息时代的主流技术之一。

在全文检索领域还包括超文本检索和概念信息检索两方面的内容。超文本检索是以超文本网络为基础的信息检索技术。在超文本检索系统中正文信息以节点而不是以字符串为信息单元，节点间的各种链接关系可以动态地选择激发，通过链从一个节点跳到另一个节点，实现联想式检索。

1945年，美国计算机科学家范内瓦·布什（Vannevar Bush）首先提出了超文本思想。1965年，美国的泰德·纳尔逊（Ted Nelson）提出了超文本（Hypertext）概念。1967年，美国布朗大学研制成功世界上第一个超文本系统——超文本编辑系统（Hypertext Editing System）。因特网上的搜索引擎集中展现了超文本检索技术的发展水平，有的还有自动分类、自动文摘、自动索引等功能。其中，较著名的超文本检索系统有Yahoo、WebCrawler等。

概念信息检索，又称基于知识的信息检索，是基于自然语言处理中对知识在语义层次上的析取，并由此形成知识库，然后根据对用户提问的理解来检索其中的相关信息。它与传统信息检索的不同之处在于，后者是基于关键词（主题词）为核心的标引与检索，而关键词在很多情况下并不适合用于确切表达文献信息的概念和内容，因此误检与漏检在所难免。而概念信息检索的倡导者认为，它可以对输入的原文内容中的概念而不是关键词进行组织和安排，在对其进行语义层次上的自然语言处理基础上来获取相关的概念和范畴知识，然后通过记忆机制将它们存储到知识库中以备检索。概念信息检索的理论框架最早是由美国著名的人工智能专家Schank、Kolodner和Dejong在1981年发表的《概念信息检索》一文中建立的。自1981年以来，一些概念信息检索系统相继推出，它们具备了一些智能检索的特性，有较强的分析和理解能力。万维网（Web）上的Excite搜索引擎即是采用概念检索技术的数据库。

（二）基于内容检索技术

基于内容检索即多媒体信息检索，它对图像、视频、音频等多媒体信息进行分析，抽取特征和语义，利用这些内容特征建立索引，再进行检索。

目前，已推出大量的原型系统，其中，典型的系统有IBM公司的QBIC系统等。超媒体检索是超文本检索的自然扩展，检索对象由文本扩展为多媒体信息。它的检索方法与超文本检索相同。但随着时代的发展，超媒体检索正向智能超媒体检索和协作超媒体检索方向发展。其中，万维网是第一个全球性分布式超媒体系统。

（三）WWW信息检索技术

万维网主要利用搜索引擎为检索手段，其检索方式有分类目录式（网站级）检索、全文（网页级）检索等。分类目录式检索即超文本检索。在全文检索方式中，搜索引擎使用网络信息资源自动采集机器人（robot）程序（也称网络蜘蛛、爬虫软件），动态访问各站点，收集信息，建立索引，并自动生成有关资源的简单描述，存入数据库中供检索，但这种机器人程序的查准率有待提高。

元搜索引擎（又称多元搜索引擎或集成搜索引擎）是网络检索的后起之秀，是多个单一搜索引擎的集合。它没有独立的数据库，主要依靠系统提供的统一界面构成一个一对多的分布式且具有独立功能的虚拟逻辑机制，主要的元搜索引擎有Metacrawler等。

网络智能检索包括智能搜索引擎（intelligent search engine）、智能浏览器（intelligent brower）、智能体（agent）等。智能搜索引擎可以预估用户的需求，并有效地控制关键词的多义性；智能浏览器是基于机器学习理论设计的智能系统，经过训练后，可成为某个领域中的搜索专家；智能体是一个具有控制问题求解机理的计算机单元，网络中的智能体通常是一个专家系统或一个模块等，它在经过用户指导后，可在无须用户干预的情况下，找到所需信息。

（四）其他信息检索技术

知识发现技术就是从大量的原始数据中提炼出有意义、简洁、有效知识的过程，是数据库技术和机器学习的交叉学科。数据挖掘（data mining）技术是知识发现的核心技术。数据挖掘的定义是按照某种既定目标，对大量数据进行分析和探索，从中识别出有效的、新颖的、潜在的知识，并以最终可理解的模式显示的一系列处理过程。它涉及机器学习、模式识别、统计学、数据库、联机分析、模糊逻辑、人工神经网络等多种学科知识。

网格技术属于第三代因特网，目前还处于起步阶段。第一代因特网是传统因特网，第二代是万维网。传统因特网实现了计算机硬件的连通，万维网实现了网页的连通，而网格试图把因特网整合为一台巨大的超级计算机，实现因特网上所有资源的全面连通，包括计算资源、存储资源、通信资源、软件资源、信息资源、知识资源等。也可以构造地区性网格，如企业内部网格、家庭网格等。第三代因特网的名称将来可能将由 WWW 变为 GGG（Great Global Grid）。网格分为计算网格、信息网格和知识网格、商业网格、P2P。信息网格和知识网格是智能信息处理，包括信息检索，它的目标是消除信息和知识孤岛，实现信息资源的智能共享。

信息推拉技术也是一种信息检索技术，分为信息推送（information push）和信息拉取（information pull）两种模式。如何提高信息推送和拉取的智能检索水平等是该项技术研究的内容。信息推送技术也称为"网播"（netcast），其方法是通过因特网向用户主动发布和推送各种信息，同时允许个性化定制信息的推送。它的信息推送方式有分频道式、邮件式、网页式和专用式。信息拉取即搜索引擎的功能，用户可以通过搜索引擎拉取所需信息。

四、新兴信息库在文献信息检索中的应用

随着互联网技术的高速发展，除了搜索引擎之外还衍生出大量的信息库，比如中文期刊文库、各类行业信息库、高校信息库、标准信息库等。而各大类专业信息库网络也是层出不穷，在各类专业文档资料的信息库中，既有像读秀（一种包含期刊、论文、书籍、资料等电子文档内容的综合信息库）、全国期刊信息库（包含了全国绝大部分的期刊名称以及级别）、CNKI 博硕士学位论文库（目前国内相关资源最完备、高质量、连续动态更新的中国博硕士学位论文全文数据库之一，收录 1999 年至今全国 380 家博士培养单位的博士学位论文；530 多家硕士培养单位的优秀硕士学位论文)、专业文献信息库，又有百度知道、百度文库、豆丁文库、新浪爱问共享资料等大型专业网站文库。而能查阅各类视频资料的网络文献资料库就有酷六、优酷、百度视频、新浪视频等各类视频网站，还有搜狗影视、狗狗影视、迅雷影视、快车影视、点点高清等新兴电影电视剧资料网站。而可以查询各类资料的专业论坛则有豆瓣等。现在我们要查找、检索、使用文献，途径和方式已较多样。如 CNKI 博硕士学位论文库如图 1.11 所示。

图 1.11　CNKI 博硕士学位论文库

文献信息检索途径及方式的多样化在一定程度上提供了论文写作的便利，对我们写论义有一定的帮助，但同时也增加了甄别信息的难度，这与互联网给我们带来的惊喜和困惑是相关的。但是我们要守住的一个原则就是，首先要阅读经典文献，以获得第一手的、最权威的信息资料，这些文献包括我们阅读的各类权威、经典书籍与报刊等。这些来自正规出版社的经典资料往往内容准确、翔实，对我们下一步查阅、甄别各类新兴的素材很有帮助。美国著名物理学家、物理学思想家、物理学教育家，哥本哈根学派最后一位大师约翰·阿奇博尔德·惠勒（John Archibald Wheeler, 1911—2008）曾经说过："要想了解一个新的领域，就写一本关于那个领域的书。"

时代的快速发展与迭代，使经典文献信息存在过时、与时代发展不相适应等情况，这时我们可以利用互联网技术继续查询最新的研究成果，以获取更多的信息内容。

五、专利的含义与分类

（一）专利行政管理部门

中华人民共和国国家知识产权局是国务院主管全国专利工作和统筹协调涉外知识产权事宜的直属机构。国家知识产权局原名"中华人民共和国专利局"（以下简称"中国专利局"）于 1980 年经国务院批准成立，并正式加入世界知识产权组织。1998 年国务院机构改革后，中国专利局更名为"中华人民共和国国家知识产权局"（以下简称"国家知识产权局"），成为国务院的直属机构，主管专利工作，统筹协调涉外知识产权事宜。其中，国家知识产权局下设国家知识产权局专利局，统一受理和审查专利申请，依法授予专利权。同时，各省、自治区、直辖市人民政府一般均设有知识产权局，负责本行政区域内的专利管理工作。中华人民共和国国家知识产权局官方网站如图1.12所示。

图1.12　中华人民共和国国家知识产权局官方网站

（二）专利文献编辑

专利文献作为技术信息最有效的载体，囊括了全球90%以上的最新技术情报，其信息内容相比一般技术刊物所提供的早5～6年，并且其中70%～80%发明创造只通过专利文献公开。因此，相对于其他文献形式，专利文献更具有新颖、实用的特征。

另外，专利文献作为世界上最大的技术信息源，包含了世界科技信息的90%～95%，但如此巨大的信息资源远未被人们充分利用。事实上，对企业组织而言，专利是企业竞争者之间唯一不得不向公众透露而在其他地方都不会透露的某些关键信息。因此，企业竞争情报的分析者通过细致、严密、综合的分析，可以从专利文献中得到大量有用信息，使公开的专利资料为本企业所用，从而实现其特有的经济价值。科研工作中经常查阅专利文献，不仅可以提高科研项目的研究起点和水平，还可以节约一定的研究时间和经费。

（三）专利含义

在我国，专利的含义有以下3种，具体包括：

第一，专利权，是指国家根据发明人或设计人的申请，以向社会公开发明创造的内容，以及发明创造对社会具有符合法律规定的利益为前提，根据法定程序在一定期限内授予发明人或设计人的一种排他性权利。非专利权人要想使用他人的专利技术，必须依法征得专利权人的授权或许可。

第二，指被处于有效期内的专利所保护的技术，即专利技术。"专利"在这里具体指的是受国家法律保护的技术或者方案。（所谓专有技术，是享有专有权的技术，这是更广泛的概念，包括专利技术和技术秘密。某些不属于专利技术和技术秘密的专业技术，只有在某些技术服务合同中才有意义。）专利是受法律规范保护的发明创造，它是指一项发明创造向国家审批机关提出专利申请，经依法审查合格后向专利申请人授予该国内规定的时间内对该项发明创造享有的专有权，并需要定时缴纳年费来维持国家的保护状态。

第三，指专利局颁发的确认申请人对其发明创造享有专利权的专利证书或指记载发明创造内容的专利文献，一般是具体的物质文件。

需要注意的是，日常生活中，人们通常会把"专利"和"专利申请"两个概念混淆使用。比如部分申请人在其专利申请尚未得到授权之前即声称自己有专利。事实上，某一发明或创造在获得授权前，只能称为"专利申请"，如果其能最终获得授权，则可以称为"专利"。这样才能对其所请求保护的技术范围拥有独占实施权，如最终未能获得专利授权，则不能称之为专利。简单来说，申请人虽然递交了专利申请，但并未就其所请求保护的技术范围获得独占实施权。很明显，这两个概念所代表的两种结果之间有差距。

综上所述，"专利"的前两层含义虽然不同，但都是无形的，第三层含义才是指有形的物质。而在实际情况中，"专利"可以仅仅指其中一层含义，或者包含两个以上的含义。对于"专利"这一概念，生活中人们一般笼统地认为它是由专利机构依据发明申请所颁发的一种文件，由这种文件叙述发明的内容，产生一种法律状态，即该获得专利的发明在一般情况下只有得到专利所有人的许可才能使用（包括制造、使用、销售和进口等）。由于专利涉及面较广，世界各国专利相关的知识、法律和规定相当多而且细致甚至各不相同，要了解各个细节可查询相关具体法律、条文或者国际条约。

值得注意的是，专利的两个最基本特征就是"独占"与"公开"。以"公开"换取"独占"是专利制度最基本的核心，这分别代表了权利与义务的两面。"独占"是指法律授予专利权人在一段时间内享有排他性的独占权利；"公开"是指专利申请人作为对法律授予其独占权的回报而将其技术公之于众，使社会公众可以通过正常渠道获得有关专利信息。

六、专利分类与专利宗旨

专利制度旨在保护技术，使其能够享受到独占性、排他性的权利，权利人之外的任何主体使用专利，都必须通过专利权人的授权许可才能获得。随着法律制度的不断完善，专利的使用呈现出多样化趋势，专利无效、专利撤销、过期专利等一一被列入专利法律范畴。只有了解专利使用权限的相关法律制度，才能充分利用专利资源，为企业实现更多的经济价值。

专利按持有人所有权分为有效专利和失效专利。① 有效专利：指专利申请被授权后，处于有效状态的专利。要使专利处于有效状态，首先该专利权必须还处在法定保护期限内；其次专利权人需要按规定缴纳年费。② 失效专利：专利申请被授权后，由于已经超过法定保护期限或因为专利权人未及时缴纳专利年费而丧失了专利权，或被任意个人或者单位请求宣布专利无效后经专利复审委员会认定并宣布无效而丧失专利权，称为失效专利。失效专利对所涉及技术的使用不再有约束力。

七、专利的原则与法律含义

授予专利权的发明和实用新型，应当具备以下特征。

新颖性：指该发明或者实用新型不属于现有技术，也没有任何单位或者个人就同样的发明或者实用新型在申请日以前向国务院专利行政部门提出过申请，并记载在申请日以后公布的专利申请文件或者公告的专利文件中。

创造性：指与现有技术相比，该发明具有突出的实质性特点和显著的进步，该实用新型具有实质性特点和进步。

实用性：指该发明或实用新型能够被制造或使用，且能够产生积极效果。能够制造或者使用，是指该发明创造能够在工农业及其他行业的生产中大量制造，并应用在工农业生产上和人民生活中，同时产生积极效果。这里必须指出的是，专利法并不要求其发明或实用新型在申请专利之前已经经过生产实践，而是分析和推断它们在工农业及其他行业生产中的可实现性。

非显而易见性：专利发明必须明显不同于已知技艺。所以，获得专利的发明必须在既有技术或知识上有显著的进步，而不能只是已知技术或知识的改良。这样的规定是要避免发明人只针对既有产品做小部分的修改就提出专利申请。若运用已知技艺或通过熟习该类技术都能轻易完成产品生产，无论是否增加功效，均不符合专利的进步性精神。

适度揭露性：为促进产业发展，国家赋予发明人独占的利益，而发明人则须充分描述其发明的结构与运用方式，以便于他人在取得专利权人同意或专利到期之后，能够实施此发明，或是透过专利授权实现发明或者再利用、再发明。如此，一个有价值的发明才能对社会、国家发展有积极贡献。

专利是受法律保护的发明创造，它是指一项发明创造向国家审批机关提出专利申请，经依法审查合格后向专利申请人授予的在规定的时间内对该项发明创造享有的专有权。这种权利具有独占的排他性。非专利权人要想使用他人的专利技术，必须依法征得专利权人的同意或许可。

一个国家依照其专利法授予的专利权，仅在该国法律管辖的范围内有效，对其他国家没有任何约束力，外国对其专利权不承担保护的义务，如果一项发明创造只在我国取得专利权，那么专利权人只在我国享有独占权或专有权。专利权的法律保护具有时间性、地域性。一般中国的发明专利权期限为20年，实用新型专利权和外观设计专利权期限为10年，均自申请日起计算。

八、专利的种类

专利的种类在不同的国家有不同的规定，《中华人民共和国专利法》（以下简称《专利法》）中有发明专利、实用新型专利和外观设计专利的种类规定；我国香港的《专利条例》中有标准专利（相当于内地的发明专利）、短期专利（相当于内地的实用新型专利）、外观设计专利的种类规定；在部分发达国家中有发明专利和外观设计专利的种类规定。我国的专利种类如图 1.13 所示。

图 1.13　我国的专利种类

（一）发明专利

我国《专利法》第二条第二款对发明的定义为"对产品、方法或者其改进所提出的新的技术方案"。发明专利并不要求它是经过实践证明可以直接应用于工业生产的技术成果，它可以是一项解决技术问题的方案或一种构思，具有在工业上应用的可能性，但也不能将这种技术方案或构思与单纯地提出课题、设想相等同，因为单纯的课题、设想不具备在工业上应用的可能性。

（二）实用新型专利

我国《专利法》第二条第三款对实用新型的定义为"对产品的形状、构造或者其结合所提出的适于实用的新的技术方案"。同发明一样，实用新型保护的也是一个技术方案。但实用新型专利保护的范围较窄，它只保护有一定形状或结构的新产品，不保护方法以及没有固定形状的物质。实用新型的技术方案更注重实用性，其技术水平较发明要低一些，多数国家实用新型专利保护的都是比较简单的、改进性的技术发明，可以称为"小发明"。

实用新型是指对产品的形状、构造或者其结合所提出的适于实用的新的技术方案，授予实用新型专利不需要实质审查，手续比较简便，费用较低。因此，关于日用品、机械、电器等方面的有形产品的小发明，比较适用于申请实用新型专利。

九、专利的申请

（一）专利申请流程

依据《专利法》，发明专利申请的审批程序包括受理、初步审查、公布、实质审查、授权 5 个阶段。实用新型和外观设计申请不进行早期公布和实质审查，只有 3 个阶段。发明专利、实用新型专利与外观专利的申请流程如图 1.14 与图 1.15 所示。

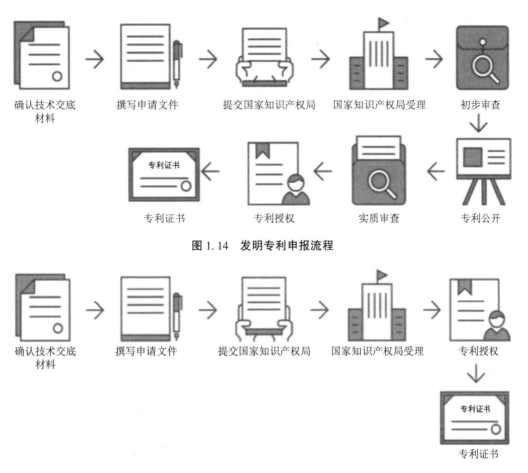

图 1.14 发明专利申报流程

图 1.15 实用新型专利与外观专利申报流程

1. 受理阶段

专利局收到专利申请后进行审查，如果符合受理条件，专利局将确定申请日，给予申请号，并且在核实过文件清单后，发出受理通知书，通知申请人。如果存在以下情况则不予受理：申请文件未打字、印刷或字迹不清、有涂改；附图及图片未用绘图工具和黑色墨水绘制、照片模糊不清有涂改；申请文件不齐备；请求书中缺少申请人姓名或名称及地址不详；专利申请类别不明确或无法确定；外国单位和个人未经涉外专利代理机构直接寄来的专利申请。

2. 初步审查阶段

经受理后的专利申请按照规定缴纳申请费后，自动进入初审阶段。初审前发明专利申请首先要进行保密审查，如需保密的，按保密程序处理。

在初审时要对申请是否存在明显缺陷进行审查，主要审查内容包括：是否属于《专利法》中不授予专利权的范围；是否明显缺乏技术内容不能构成技术方案；是否缺乏单一性；申请文件是否齐备及格式是否符合要求。若是外国申请人还要进行资格审查及申请手续审查。申请的审查结果不合格的，专利局将通知申请人在规定的期限内补正或陈述意见，逾期不答复的，申请将被视为撤回。经答复仍未消除缺陷的，申请予以驳回。发明专利申请初审合格的，将发放初审合格通知书。对实用新型和外观设计专利申请，除进行上述审查外，还要审查是否明显与已有专利相似，若经初审未发现驳回理由的，将直接进入授权程序。

3. 公布阶段

发明专利申请从发出初审合格通知书起进入公布阶段，如果申请人没有提出提前公开的请求，则要等到申请日起满15个月才进入公开准备程序。如果申请人请求提前公开的，则申请立即进入公开准备程序。经过格式复核、编辑校对、计算机处理、排版印刷，一般3个月后在专利公报上公布其说明书摘要并出版说明书单行本。申请公布以后，申请人就获得了临时保护的权利。

4. 实质审查阶段

发明专利申请公布以后，如果申请人已经提出实质审查请求并已生效的，申请人进入实审程序。如果发明专利申请自申请日起满3年还未提出实审请求，或者实审请求未生效的，该申请即被视为撤回。在实审期间将对专利申请是否具有新颖性、创造性、实用性以及专利法规定的其他实质性条件进行全面审查。经审查认为不符合授权条件的或者存在各种缺陷的，将通知申请人在规定的时间内陈述意见或进行修改，逾期不答复的，申请被视为撤回。或经多次答复申请仍不符合要求的，予以驳回。实质审查中未发现驳回理由的，将按规定进入授权程序。

5. 授权阶段

实用新型和外观设计专利申请经初步审查以及发明专利申请经实质审查未发现驳回理由的，由审查员做出授权通知。申请进入授权登记准备，经对授权文本的法律效力和完整性进行复核，对专利申请的著录项目进行校对、修改后，专利局发出授权通知书和办理登记手续通知书，申请人接到通知书后应当在2个月之内按照通知的要求办理登记手续并缴纳规定的费用。按期办理登记手续的，专利局将授予专利权，颁发专利证书，在专利登记簿上记录，并在2个月后于专利公报上公告；未按规定办理登记手续的，视为放弃取得专利权的权利。

（二）专利申请文件

申请专利时提交的法律文件必须采用书面形式，并按照规定的统一格式填写。申请不同类型的专利，需要准备不同的文件。

申请发明专利的，申请文件应当包括：发明专利请求书、说明书（必要时应当有说明书附图）、权利要求书、摘要及其附图（具有说明书附图时须提供）。

申请实用新型专利的，申请文件应当包括：实用新型专利请求书、说明书、说明书附图、权利要求书、摘要及其附图。

申请外观设计专利的，申请文件应当包括：外观设计专利请求书、图片或者照片，以及外观设计简要说明。

关于权利要求书的撰写，权利要求书应当以说明书为依据，说明发明或实用新型的技术特征，限定专利申请的保护范围。在专利权授予后，权利要求书是确定发明或者实用新型专利权范围的根据，也是判断他人是否侵权的依据，有直接法律效力。权利要求分为独立权利要求和从属权利要求。独立权利要求应当从整体上反映发明或者实用新型的主要技术内容，它是记载构成发明或者实用新型的必要技术特征的权利要求。从属权利要求是引用一项或多项权利要求的权利要求，它是一种包括另一项（或几项）权利要求的全部技术特征、又含有进一步加以限制的技术特征的权利要求。权利要求的撰写必须十分严格、准确，具有高度的法律和技术方面的技巧。

（三）专利申请途径与费用

途径1：申请人自己申请（将申请文件递交专利局或地方代办处，并缴纳相关费用）。

途径2：委托专利代理机构申请。委托专业的代理机构，以避免由于自身对相关法律知识或相关程序了解不足而导致授权率降低或保护范围不当。专利代理机构及其代理人均是经过国家知识产权局批准的既懂专业技术、又掌握相关法律知识的技术员，他们将申请人想要申请专利的一般技术资料撰写成符合审查要求的技术性、法律性文件，并使该文件具有最佳的保护效果。通过专利代理可使委托人的申请顺利、尽快地得到通过，同时，建议选择那些有保障的专利代理机构。

申请专利委托代理时，申请人需要交纳代理费和官费。代理费数额依据申请所属技术领域的难易程度和工作量大小由申请人与代理机构协商后确定。官费是交给国家知识产权局的费用。通常首笔官费包括：发明专利申请费950元（含印刷费50元）；实用新型专利申请费500元；外观设计专利申请费500元；发明申请审查费2 500元。另外，还有发明专利授权办理登记费255元，实用新型或外观设计专利授权办理登记费205元。要获得并保持专利使用权，申请人还需要在申请后的若干年内向专利局交纳专利年费等费用。专利申请人或专利权人符合下列条件之一的，可以向国家知识产权局请求减缴部分专利收费：① 上年度月均收入低于3 500元（年4.2万元）的个人；② 上年度企业应纳税所得额低于30万元的企业；③ 事业单位、社会团体、非营利性科研机构。两个或者两个以上的个人或者单位为共同专利申请人或共有专利权人的，应当分别符合前述规定。

专利申请人或者专利权人可以请求减缴下列专利收费：申请费（不包括公布印刷费、申请附加费），发明专利申请实质审查费，自授予专利权当年起6年的年费、复审费。专利申请人或者专利权人为单个个人或者单个单位的，减缴上述收费的85%。两个或者两个以上的个人或者单位为共同专利申请人或者共有专利权人的，减缴上述收费的70%。

任务与思考

1. 查阅资料，对创新创业的内涵与关系进行研究，撰写一篇800字的小论文。
2. 设计调查问卷，对所在学校大学生参与创新创业的情况进行调研，撰写一篇调研报告。
3. 以中国知网、万方数据库为工具，进行文献检索实践。
4. 以小组为单位提出创新思路，在教师指导下进行专利申报。

第二章 创新创业竞赛项目

章节概要

为进一步提升大学生进行创新创业实践的能力,由教育部牵头,联合科技部、人社部等多个部门组织了以"互联网+"大学生创新创业为代表的一系列双创竞赛。竞赛的目的是深化高等教育综合改革,激发大学生的创造力,培养造就"大众创业、万众创新"的主力军;推动赛事成果转化,促进"互联网+"新业态形成,服务经济提质增效升级;以创新引领创业、以创业带动就业,推动高校毕业生更高质量地就业、创业。本章重点介绍目前大学生参与的主流双创竞赛项目的基本情况、参赛意义、参赛方法以及注意事项。

第一节 中国国际"互联网+"大学生创新创业大赛

一、"互联网+"大学生创新创业大赛简介

中国"互联网+"大学生创新创业大赛由教育部牵头,联合各地政府、各高校共同主办。大赛旨在深化高等教育综合改革,激发大学生的创造力,培养造就"大众创业、万众创新"的主力军;推动赛事成果转化,促进"互联网+"新业态形成,服务经济提质增效升级;以创新引领创业、以创业带动就业,推动高校毕业生更高质量的就业创业。2021 年,大赛增加了国际赛道,正式更名为"中国国际'互联网+'大学生创新创业大赛"。第 7 届中国国际"互联网+"大学生创新创业大赛官方网站如图 2.1 所示。

图 2.1 第 7 届中国国际"互联网+"大学生创新创业大赛官方网站

举办中国国际"互联网+"大学生创新创业大赛的目标为"以赛促学、以赛促教、以赛促创"。

以赛促学，培养创新创业生力军。大赛旨在激发学生的创造力，激励广大青年扎根中国大地，了解国情民情，锤炼意志品质，开拓国际视野，在创新创业中增长智慧才干，把激昂的青春融入伟大的中国梦，努力成长为德才兼备的有用人才。

以赛促教，探索素质教育新途径。把大赛作为深化创新创业教育改革的重要抓手，引导各高校主动服务国家战略和区域发展，深化人才培养综合改革，全面推进素质教育，切实提高学生的创新精神、创业意识和创新创业能力。推动人才培养范式深刻变革，形成新的人才质量观、教学质量观、质量文化观。

以赛促创，搭建成果转化新平台。推动赛事成果转化和产、学、研、用紧密结合，促进"互联网+"新业态形成，服务经济高质量发展，努力形成高校毕业生更高质量的创业、就业新局面。

二、"互联网+"大学生创新创业大赛影响力与历程

（一）大赛影响力

该项赛事于2015年在吉林大学拉开帷幕，到2021年已成功举办了7届，逐渐成为大学生创新创业领域具有影响力的赛事。2021年第7届中国国际"互联网+"大学生创新创业大赛共有来自国内外121个国家和地区、4 347所院校的228万余个项目、956万余人次报名参赛，参赛项目数增幅达55%，参赛人次增长51%。尽管受到疫情影响，2022年仍有来自国外117个国家和地区的1 263所学校、5 531个项目、15 611人报名参赛，增幅分别达到68%和74%，基本覆盖了哈佛大学、麻省理工学院、牛津大学、剑桥大学等世界排名前100的大学。职教赛道共计2 116所院、86万余个项目、330万余人次报名参赛。萌芽赛道共计228个项目参赛。为适应赛事发展，总决赛入围项目由1 600个增加到3 500个，金牌数量由158个增加到320个。从参赛学校的涉及面来看，本届大赛实现了"三个覆盖"：内地院校参赛全覆盖、教育全学段参赛全覆盖、世界百强大学参赛基本覆盖。

（二）大赛历程

首届"互联网+"大学生创新创业大赛以"'互联网+'成就梦想，创新创业开辟未来"为主题，在吉林大学成功举办。参赛项目主要包括"互联网+"传统产业、"互联网+"新业态、"互联网+"公共服务、"互联网+"技术支撑平台四种类型。首届"互联网+"大赛采用校级初赛、省级复赛、全国总决赛三级赛制。在校级初赛、省级复赛基础上，按照组委会配额择优遴选项目进入全国总决赛。全国共产生300个团队入围全国总决赛，其中创意组100个团队、实践组200个团队。大赛共吸引了31个省份及新疆生产建设兵团1 878所高校的57 253支团队报名参加，提交项目作品36 508个，参与学生超过20万人，带动全国上百万大学生投入创新创业活动。

第二届中国"互联网+"大学生创新创业大赛由教育部、中央网络安全和信息化委员会办公室、国家发展和改革委员会、工业和信息化部、人力资源和社会保障部、国家知识产权局、中国科学院、中国工程院、共青团中央和湖北省人民政府共同主

办,总决赛由华中科技大学承办。大赛主题为"拥抱'互联网+'时代,共筑创新创业梦想"。大赛自2016年3月启动,吸引了全国2 110所高校参与,占全国普通高校总数的81%,报名项目数近12万个,参与学生超过55万人。

2017年3月27日,教育部在西安电子科技大学举行新闻发布会,宣布第三届中国"互联网+"大学生创新创业大赛正式启动,与往届相较,本届比赛增加了参赛项目类型,鼓励师生共创。本届主题为"搏击'互联网+'新时代 壮大创新创业主力军"。

第四届中国"互联网+"大学生创新创业大赛由厦门大学承办。该项赛事以"勇立时代潮头敢闯会创,扎根中国大地书写人生华章"为主题,于2018年3月29日在厦门全面启动。

2019年6月13日,第五届中国"互联网+"大学生创新创业大赛在浙江正式启动,本届大赛由浙江大学和杭州市人民政府承办。第五届中国"互联网+"大学生创新创业大赛共有来自全球五大洲124个国家和地区的457万名大学生、109万个团队报名参赛,参赛项目和学生数接近前四届大赛的总和。

2020年11月17—20日,第六届中国国际"互联网+"大学生创新创业大赛在广东华南理工大学举行,大赛以"我敢闯、我会创"为主题,积极克服新冠肺炎疫情的影响,打造了一场汇聚世界"双创"青年同场竞技、相互促进、人文交流的国际盛会。本届大赛由华南理工大学、广州市人民政府和深圳市人民政府承办。报名参赛项目与报名人数再创新高,内地共有2 988所学校的147万个项目、630万人报名参赛,包括内地本科院校1 241所、科研院所43所、高职院校1 130所、中职院校574所。较之2019年,参赛项目与人数均增长25%,红旅赛道项目数增幅54%。中国港澳台地区报名参赛项目已超过2019年的总数,达到256个。

世界青年同台竞技,共展双创风采。7年来,"互联网+"大赛已成为国际国内最具含金量、最富影响力的双创盛事,广大学子发挥创新创业的智慧(图2.2、图2.3)与才干解决现实问题、社会就业难题,为中国梦注入自己的青春力量。以下是部分项目展示:

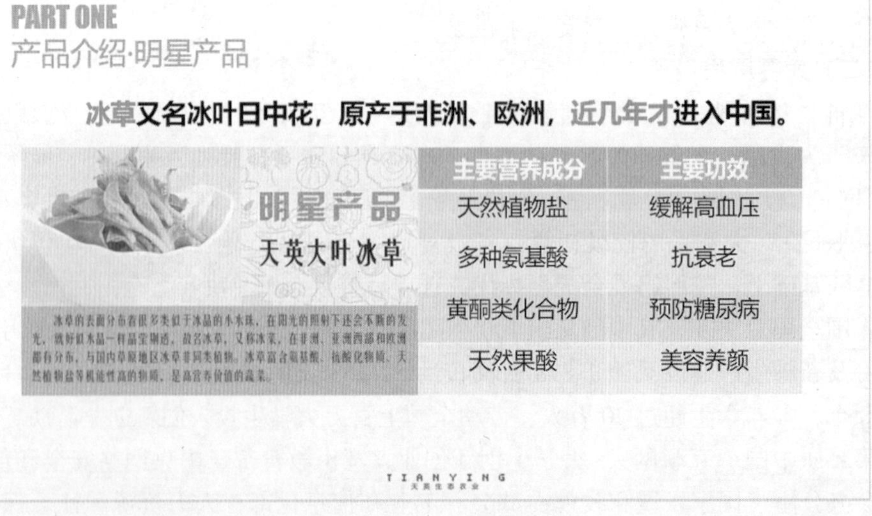

图2.2 第四届全国"互联网+"大赛金奖作品"90后女孩有点'田'"项目

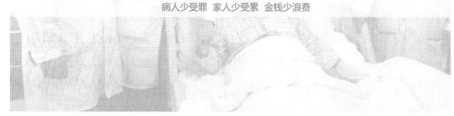

图 2.3 第五届全国"互联网+"大赛金奖作品项目"尿宝——失能老人接尿的智能伴侣"

三、"互联网+"大学生创新创业大赛参赛指南

参赛项目有以下类型：(1)"互联网+"现代农业，包括农、林、牧、渔等。(2)"互联网+"制造业，包括先进制造、智能硬件、工业自动化、生物医药、节能环保、新材料、军工等。(3)"互联网+"信息技术服务，包括人工智能技术、物联网技术、网络空间安全技术、大数据、云计算、工具软件、社交网络、媒体门户、企业服务、下一代通信技术、区块链等。(4)"互联网+"文化创意服务，包括广播影视、设计服务、文化艺术、旅游休闲、艺术品交易、广告会展、动漫娱乐、体育竞技等。(5)"互联网+"社会服务，包括电子商务、消费生活、金融、财经法务、房产家居、高效物流、教育培训、医疗健康、交通、人力资源服务等。参赛人员应结合以上分类及自身项目实际，合理选择项目类型。参赛项目不局限于"互联网+"项目，鼓励各类创新创业项目参赛，根据行业背景选择相应类型。

参赛方式和要求：(1)本赛道以团队为单位报名参赛。允许跨校组建参赛团队，每个团队的成员不少于3人，原则上不多于15人（含团队负责人），须为项目的实际核心成员。参赛团队所报参赛创业项目，须为本团队策划或经营的项目，不得借用他人项目参赛。(2)根据参赛团队负责人的学籍或学历确定参赛团队所代表的参赛学校，且代表的参赛学校具有唯一性。按照参赛学校所在的国家和地区，分为中国大陆参赛项目、中国港澳台地区参赛项目、国际参赛项目三个类别。国际参赛项目和中国港澳台地区参赛项目可根据当地教育情况适当调整学籍和学历的相关参赛要求。(3)所有参赛材料和现场答辩原则上使用中文或英文，如有其他语言需求，须联系大赛组委会。

根据参赛项目所处的创业阶段、已获投资情况和项目特点等，高教主赛道分为本科生创意组、研究生创意组、初创组、成长组、师生共创组。

（一）本科生创意组

参赛项目具有较好的创意和较为成型的产品原型或服务模式，在大赛通知下发之日前尚未完成工商等各类登记注册，并符合以下条件：参赛申报人须为团队负责人，团队负责人及成员须均为普通高等学校全日制在校本科生或专科生。学校科技成果转化项目不能参加本组比赛（科技成果的完成人、所有人中参赛申报人排名第一的除外）。

（二）研究生创意组

参赛项目具有较好的创意和较为成型的产品原型或服务模式，在大赛通知下发之日前尚未完成工商等各类登记注册，并符合以下条件：参赛申报人须为团队负责人，团队负责人和团队成员须均为普通高等学校全日制在校研究生或本专科生。学校科技成果转化项目不能参加本组比赛（科技成果的完成人、所有人中参赛申报人排名第一的除外）。

（三）初创组

参赛项目工商等各类登记注册未满 3 年，且获机构或个人股权投资不超过 1 轮次，并符合以下条件：参赛申报人须为初创企业法定代表人，须为普通高等学校全日制在校生（包括本专科生、研究生，不含在职教育），或毕业 5 年以内的学生（不含在职教育）。企业法定代表人在大赛通知发布之日后进行变更的不予认可；初创组项目的股权结构中，参赛企业法定代表人的股权不得少于 10%，参赛成员股权合计不得少于 1/3。学校科技成果转化项目（不含基于国家级重大、重点科研项目的科研成果转化项目）可以参加初创组，允许将拥有科研成果的教师的股权与学生所持股权合并计算，合并计算的股权不得少于 51%（学生团队所持股权比例不得低于 26%）。

（四）成长组

参赛项目工商等各类登记注册 3 年以上；或工商等各类登记注册未满 3 年，且获机构或个人股权投资 2 轮次以上（含 2 轮次），并符合以下条件：参赛申报人须为企业法定代表人，须为普通高等学校全日制在校生（包括本专科生、研究生，不含在职教育），或毕业 5 年以内的学生（不含在职教育）。企业法定代表人在大赛通知发布之日后进行变更的不予认可。成长组项目的股权结构中，参赛企业法定代表人的股权不得少于 10%，参赛成员股权合计不得少于 1/3。学校科技成果转化项目（不含基于国家级重大、重点科研项目的科研成果转化项目）可以参加成长组，允许将拥有科研成果的教师的股权与学生所持的股权合并计算，合并计算的股权不得少于 51%（学生团队所持股权比例不得低于 26%）。

（五）师生共创组

基于国家级重大、重点科研项目的科研成果转化项目，或者教师与学生共同参与创业且教师所占权重比例大于学生（如已注册成立公司，教师持股比例大于学生）的项目，并符合以下条件：参赛项目如已注册成立公司，公司注册年限不得超过 5 年，师生均可为公司法定代表人。企业法定代表人在大赛通知发布之日后进行变更的不予认可。股权结构中，师生股权合并计算不低于 51%，且学生参赛成员合计股份不低于10%。参赛申报人须为普通高等学校全日制在校生（包括本专科生、研究生，不含在职教育），或毕业5年以内的学生。参赛项目中的教师须为高校在编教师。

第二节 "挑战杯"全国大学生课外学术科技作品竞赛

一、"挑战杯"竞赛简介

"挑战杯"是"挑战杯"全国大学生系列科技学术竞赛的简称，是由共青团中央、中国科协、教育部和全国学联、举办地人民政府共同主办的全国性的大学生课外学术实践竞赛。"挑战杯"竞赛在中国共有两个并列项目，一个是"挑战杯"中国大学生创业计划竞赛，另一个是"挑战杯"全国大学生课外学术科技作品竞赛。这两个项目的全国竞赛轮流开展，每两年举办一届。"挑战杯"系列竞赛被誉为中国大学生科技创新创业的"奥林匹克"盛会，是国内大学生最关注、最热门的全国性竞赛，也是全国最具代表性、权威性、示范性、导向性的大学生竞赛（图2.4）。

图2.4 "挑战杯"项目官方网站

二、"挑战杯"竞赛的背景与影响力

"挑战杯"竞赛旨在全面展示我国高校育人成果，引导广大在校学生崇尚科学、追求真知、勤奋学习、迎接挑战，培养跨世纪创新人才。该赛项坚持"崇尚科学、追求真知、勤奋学习、迎接挑战"的宗旨，自1989年以来已分别在清华大学、浙江大学、上海交通大学、武汉大学、南京理工大学、重庆大学和西安交通大学等高校成功举办了17届，形成了校级、省级、全国的三级赛事，参赛同学首先参加校内选拔，再进行省内的作品选拔赛，最后优秀作品报送全国组委会参赛进行决赛。党和国家领导人对竞赛活动十分关注，时任中共中央总书记、国家主席、中央军委主席的江泽民同志于1993年8月4日为"挑战杯"题写了杯名（图2.5），时任国务院副总理李岚清同志等党和国家领导人纷纷为"挑战杯"竞赛题词。

"挑战杯"竞赛活动在较高层次上展示了我国各高校的育人成果，推动了高校与社会间的交流，成为学校学生课余科技文化活动中的一项主导性活动，是高校与社会交流、合作的重要窗口。该赛事不仅能有效促进高校科技成果向现实生产力转化，培养高素质跨世纪人才，也是企业界接触和物色优秀科技英才、引进科技成果、宣传企业、树立企业良好形象的最佳机会，越来越受到广大学生的欢迎和各高校的重视，在社会上产生了广泛而良好的影响，其声誉远播港澳地区甚至欧美发达国家。

图 2.5 "挑战杯"项目会徽

三、"挑战杯"竞赛项目分类

"挑战杯"竞赛共有两个并列项目，一个是"挑战杯"全国大学生课外学术科技作品竞赛，简称"大挑"，另一个是"挑战杯"中国大学生创业计划竞赛，简称"小挑"。两者的比赛侧重点不同，"大挑"注重学术科技发明创新带来的实际意义与特点，而"小挑"更注重市场与技术服务的完美结合，商业性更强。"大挑"设置特等奖、一等奖、二等奖、三等奖，"小挑"奖项设置为金奖、银奖、铜奖。"大挑"发起高校可报 6 件作品，其中 3 件为高校直推作品，另外 3 件要与省赛组织方协商推荐，而"小挑"只能推荐 3 件作品进国赛。"大挑"有学历限制而"小挑"没有。"大挑"按专本科组、硕士组、博士组分开评审。在人数上，"大挑"国赛最多可以报 8 人，而"小挑"最多可以报 10 人。"大挑"比赛证书盖共青团中央、中国科协、教育部、全国学联、举办地人民政府的章，而"小挑"证书只盖共青团中央、中国科协、教育部、全国学联的章。

在历届"挑战杯"项目中，开设了网络虚拟运营、特色项目奖、西安世园会专项竞赛、累进创新奖、交叉创新奖等专项比赛项目。

（一）网络虚拟运营专项比赛

为进一步巩固和扩大"挑战杯"竞赛的影响力和权威性，从第七届"挑战杯"中国大学生创业计划竞赛（"小挑"）开始，将网络虚拟运营比赛单列出来。网络虚拟运营竞赛由全国"挑战杯"竞赛组委会举办，盖全国"挑战杯"组委会章，每年两季，竞赛流程为校赛选拔初赛、全国预赛、全国复赛、全国决赛。奖项设置为一等奖、二等奖、三等奖（共 100 名），另外，在国赛入围了现场决赛的团队，可直接入围网络虚拟运营专项比赛全国决赛，入围团队可以选择参加或不参加网络虚拟运营专项决赛，若选择参加，必须保证网络虚拟运营参加成员与国赛答辩成员一致。

（二）特色项目奖

第八届"挑战杯"中国大学生创业计划竞赛中，除了网络虚拟运营专项竞赛外，全国"挑战杯"组委会专门设置了项目特色奖,对进入国赛现场决赛并参与公开答辩的团队,秉着好中选优、精益求精的原则评选了项目特色奖及最具潜力投资奖等。

(三) 西安世园会专项竞赛

第十二届"挑战杯"全国大学生课外学术科技作品竞赛期间,为扩大"挑战杯"的影响力和权威性,全国"挑战杯"组委会专门举办了西安世园会专项竞赛,该项目由学校团委重新推选3个项目,前提是不与已经入围国赛的作品重复。

(四) 累进创新奖

根据第十三届"挑战杯"竞赛组委会安排,本届竞赛增设了"累进创新奖"和"交叉创新奖"各若干项,为顺应交叉学科学术研究和人才培养的趋势,引导和鼓励大学生吸收融合不同学科研究对象、研究视角、研究方法和研究工具,丰富知识和研究能力体系,申报作品须为已参加过往届"挑战杯"全国大学生课外学术科技作品竞赛全国竞赛的作品。作品经评审委员会认定,符合下列一条或几条:① 较之前参赛时有重要研究进展;② 在作品孵化方面有明显成果;③ 学校通过设立累进支持基金、实施创新人才培养计划等方式对较长周期的参赛项目提供持续支持,对参赛队员进行跟踪培养;④ 参赛项目被党和政府相关部门、社会机构采纳并结合实践加以完善,在推动地方经济社会发展中发挥了积极作用。累进创新奖每个高校只能选报一件作品。

(五) 交叉创新奖

参评作品须入围第十三届"挑战杯"全国大学生课外学术科技作品竞赛全国竞赛。参评作品须涉及两个及以上学科(指国家1997年颁布的《授予博士、硕士学位和培养研究生的学科、专业目录》中的一级学科),在研究对象、研究视角、研究方法、研究工具等方面突出体现作者的跨学科研究能力。每个高校只能选报一件作品申请交叉创新奖。

四、"挑战杯"竞赛项目参赛指南

(一) 创业项目更重实践

项目要具有可操作性、良好的商业运作模式、明确的目标市场、稳定的市场需求和可挖掘的市场潜力,能够成功实现创业的就是好项目。在评审环节,评委对项目可操作性的关注度远高过对项目书面表达的关注度。

(二) 准备工作

准备创业计划是一个展望项目未来前景,细致探索其中的合理思路、确认实施项目所需的各种必要资源、寻求所需支持的过程。通常分为以下几个阶段:① 知识储备、经验学习、直接知识的获取与间接知识的掌握,以及对前人类似经验的模仿与探索阶段。② 创业构思、项目选择阶段。构思阶段的重点是关注与产品或服务有关的细节,例如产品处于什么样的发展阶段?它的独特性何在?销售产品的途径是什么?消费者群有哪些?生产成本和售价如何确定?企业开发新产品的计划是什么?如何把投资者拉到企业的产品或服务中来。③ 广泛沟通,组建团队阶段。组建一支技能互补、年龄梯队明显的优秀团队是创业成功必不可少的因素。④ 走出校园,市场调研阶段。"没有调查就没有发言权",创业者要细致分析经济、地理、职业以及心理等因素对消费者选择产品和服务的影响,要同潜在顾客展开接触,搜集顾客购买此类产品的时间周期、决策执行者、你的产品或服务凭什么吸引目标市场中的消费者等信息,以便制定销售策略。市场调查还包括:竞争对手都是谁?他们的产品与本企业的产品相比,有哪些相同点和不同点?竞争对手所采用的营销策略是什么?在调查阶段,创业者还必须做好财务分析,即要量化本公司的收入目标和公司战略,详细而精确地考虑实现目标所需的资金。

(三)注意事项

组建一个专业优势互补的团队。① 专业搭配:专业与项目应有较大的关联度,专业技术来自本人更好;不同专业应合理搭配。② 跨学科:如技术、策划、管理(人力资源、市场营销)、财务等学科组合。③ 不同学历:如本科生、研究生互相搭配,甚至博士生也可参与。

项目计划书要内容翔实、图文并茂。① 内容全面:每一部分都要精心编写,不能只偏重技术、产品或服务描述,更要强化市场分析及企业运营描述,且一定要有风险分析及对策。② 语言精练:尤其是概述(执行总结)部分,一段内容最好要做到用一句话能说清楚,并能高度概括、富有特色。③ 突出运用图表:图表形象直观,具有较强的说服力。④ 图表要规范:图表的各项基本元素必须齐全,图表中的数据必须真实、权威。

数据调研要真实、可信。商业计划书是实际商业运营的仿真模拟实践,数据的调研一定要基于现有市场的趋势和发展。因此,在进行商业预测时应基于所从事的现有行业的预估。当某一行业的市场前景较为广阔、体量较大时,可以借助于权威的机构报告来进行合理数据分析,在此前提下,合理估算项目从事行业的市场占有率、发展空间及产品的价格区间、定位及消费群体差异。一般来说,产品卖给企业和个人零售的价格是不一样的,在相同需求下,企业多10万也能接受,而个人就会有不同的选择;军品与民品(垄断—非垄断产品)价格也会不一样,合理合情的价格定位是项目好坏的差别。成本测算上,一个新产品往往价格要比同类产品低3~4折,而采购的原材料比同类成熟厂家要高,那么数据的真实性就有待考证。

第三节 "创青春"全国大学生创业大赛

一、"创青春"全国大学生创业大赛介绍

2013年11月8日,习近平总书记向2013年全球创业周中国站活动组委会专门致贺信,特别强调了青年学生在创新创业中的重要作用,并指出全社会都应当重视和支持青年创新创业。党的十八届三中全会对"健全促进就业创业体制机制"做出了专门部署,指出了明确方向。为贯彻落实习近平总书记系列重要讲话和党中央有关指示精神,适应大学生创业发展的形势需要,在原有"挑战杯"中国大学生创业计划竞

赛的基础上，共青团中央、教育部、人力资源和社会保障部、中国科协、全国学联决定自2014年起共同组织开展"创青春"全国大学生创业大赛，每两年举办一次。

二、"创青春"会徽

"创青春"全国大学生创业大赛会徽（图2.6）以汉字"创"为主体图形，由代表广大青年学子的五只展翅高飞的大鹏有序排列组合而成，体现了大学生的活力与激情。五只大鹏盘旋天空，簇拥着飞向右上方，表现出青年学子挑战自我、追求卓越的进取精神，寓意青年学子对创业的积极参与之情，"创青春"大赛将是他们放飞创业梦想的摇篮，终有一天他们会怀揣梦想，翱翔天际。同时，五只大鹏的造型又恰似字母"C"，传达出"创新、创意、创造、创业、创青春"的"五C"内涵；大鹏的主体色为绿色、蓝色、红色，代表"青春、梦想和奋斗"的大赛精神，寓意着大学生用奋斗的青春实现梦想。为大赛专门设计的"创青春"三个字，具有较强的视觉识别性、内涵传达性和艺术表现性，更具独特的专属性。

图2.6　"创青春"会徽

三、"创青春"比赛内容

大赛下设3项主体赛事：大学生创业计划竞赛、创业实践挑战赛、公益创业赛。（1）大学生创业计划竞赛面向高等学校在校学生，以商业计划书评审、现场答辩等作为参赛项目的主要评价内容。（2）创业实践挑战赛面向高等学校在校学生或毕业未满5年的高校毕业生，且已投入实际创业3个月以上，以经营状况、发展前景等作为参赛项目的主要评价内容。（3）公益创业赛面向高等学校在校学生，以创办非营利性质社会组织的计划和实践等作为参赛项目的主要评价内容。以上3项主体赛事需通过组织省级预赛或评审后进行选拔报送。

大赛在符合宗旨、具有良好导向的前提下，设立MBA、移动互联网创业等专项竞赛，由共青团湖北省委协调相关地方人民政府及高校负责具体组织，组织执行机构另设，奖项单独设立。

MBA专项赛的特点为：① 组织形式为由赛事承办方会同部分高校发起，组织和邀请国内设有MBA专业的各高校参加。② 参赛对象为就读于MBA专业的在校学生。③ 参赛形式为通过申报创业项目计划书（是否已投入创业及创业领域不限，申报不区分具体组别）参加该项赛事。④ 参赛名额为每所高校只能组成1支团队参赛。

移动互联网创业专项赛的特点为：① 组织形式为由赛事承办方直接面向各高校开展。② 参赛对象为高校在校学生。③ 参赛形式为通过提交基于移动互联网领域的创业项目计划书（是否已投入创业不限，鼓励申报已创立小微企业、科技企业的项目，申报不区分具体组别）或APP应用程序等移动互联网作品说明书参赛。④ 参赛名额为每所高校最多可申报3项。

四、"创青春"参赛指南

参加"创青春"系列活动的项目必须符合国家法律法规和国家产业政策;不得侵犯他人知识产权;具有良好的经济效益、社会效益,经营规范,社会信誉良好;具有较大投资价值的独特产品、技术或商业模式。

(一)对参赛人员的基本要求

(1)参赛人员:年龄在35周岁(含)以下的中国公民。

(2)2人及2人以上团队申报的参赛项目时,团队总人数不多于5人,且团队中30周岁(含)以下出生的人数比例不低于50%。

(二)参赛项目的申报条件

1. 大学生创业计划竞赛

参加竞赛项目分为已创业与未创业两类;分为农林、畜牧、食品及相关产业,生物医药,化工技术和环境科学,信息技术和电子商务,材料,机械能源,文化创意和效劳咨询等7个组别。实行分类、分组申报。

拥有或授权拥有的产品,并已在工商、民政等政府部门注册登记为企业、个体工商户、民办非企业单位等组织形式,且法人代表或经营者为在校学生、运营时间在3个月以上(以预赛网络报备时间为截止日期)的项目,可申报已创业类。

拥有或授权拥有的产品,具有核心团队,具备实施创业的根本条件,但尚未在工商、民政等政府部门注册登记或注册登记时间在3个月以下的项目,可申报未创业类。

2. 创业实践挑战赛

拥有或授权拥有的产品,并已在工商、民政等政府部门注册登记为企业、个体工商户、民办非企业单位等组织形式,且法人代表或经营者为在校学生、运营时间在3个月以上(以预赛网络报备时间为截止日期)的项目,可申报该赛事。申报不区分具体类别、组别。

3. 公益创业赛

拥有较强的公益特征(有效解决社会问题,项目收益主要用于进一步扩大项目的规模或水平)、创业特征(通过商业运作的方式,运用前期的少量资源撬动外界更广阔的资源来解决社会问题,并形成可自身维持的商业模式)、实践特征(团队须实践其公益创业方案,形成可衡量的项目成果,局部或完全实现其方案的目标成果)的项目,且参赛学生符合参赛规定,可申报该赛事。申报不区分具体类别、组别。

(二)参赛形式

以学校为单位统一申报,以创业团队形式参赛,原则上每个团队人数不超过10人。对于跨校组队参赛的项目,各成员须事先协商,明确项目的申报单位。对于经授权的发明创造或专利技术,在报名时必须提交具有法律效力的发明创造或专利技术所有人的书面授权许可、工程鉴定证书、专利证书等。对于已注册运营工程的,在报名时必须提交相关证明材料(含单位概况、法定代表人情况、营业执照复印件、税务登记证复印件、组织机构代码复印件等材料)。

参赛工程涉及以下内容时，必须由申报者提供有关部门的证明材料，否则不予评审。动植物新品种的发现或培育，须有省级以上农科部门或科研院所开具的证明。对国家保护动植物的研究，须由省级以上林业部门开具证明，证明在该项研究的过程中未产生对所研究动植物的繁衍、生长不利的影响。新药物的研究须有卫生行政部门授权机构或具有同等资质机构的鉴定证明。医疗卫生研究须通过专家鉴定，并最好附有在公开发行的专业性杂志上发表过的文章。涉及燃气用具等与人民生命财产安全有关用具的研究，须有国家相应行政部门授权机构的认定证明。

（三）展览、交流与孵化

大赛主办方组织多种形式的交流、展示和其他活动来丰富大赛内容。大赛组委会有组织转让及孵化获奖项目的优先权。成果产权及利益分配由学校和申报人协商确定。全国组织委员会可结集出版大赛获奖项目及评委评语，同时将联合地方政府、园区及投资机构举办项目对接和孵化活动，对大赛中涌现出的优秀项目优先转化。加强与金融机构、风险投资机构和创业投资机构等方面的合作，并通过成立大学生创业联盟等，为参加大赛的高校学生提供创业支持。

五、"创青春"全国大学生创业大赛有关问题解答

（一）"创青春"全国大学生创业大赛与"挑战杯"中国大学生创业计划竞赛的区别

"创青春"全国大学生创业大赛是在"挑战杯"中国大学生创业计划竞赛基础上进行全面改革和提升的赛事。大赛由共青团中央、教育部、人力资源和社会保障部、中国科协、全国学联共同主办。

大赛下设大学生创业计划竞赛（即"挑战杯"中国大学生创业计划竞赛）、创业实践挑战赛、公益创业赛等3项主体赛事。原有的"挑战杯"中国大学生创业方案竞赛作为"创青春"全国大学生创业大赛中的一项主体赛事继续开展。

（二）大赛面向群体

大赛面向的群体及对于参赛资格的确认可以从两个角度理解。第一，凡在举办大赛终审决赛的当年7月1日以前正式注册的全日制非成人教育的各类高等院校在校专科生、本科生、硕士研究生和博士研究生（均不含在职研究生）可参加全部3项主体赛事。第二，毕业3年以内（时间截至举办大赛终审决赛的当年7月1日）的专科生、本科生、硕士研究生和博士研究生可代表原所在高校参加创业实践挑战赛（需提供毕业证证明，仅可代表最终学历颁发高校参赛）。

（三）报名时间与流程

大赛总体上分为校赛、省赛、国赛等3个层面以及预赛、复赛、决赛等3个阶段来开展。

其中，校赛、省赛的时间和具体形式由各高校、各地区结合自身实际组织开展。时间节点一般为4月至5月，将由各省、自治区、直辖市针对大赛下设的3项主体赛事组织本地预赛或评审；7月至8月举行全国复赛；9月至10月举办全国决赛。参赛人员须首先通过本校团委组织的校级选拔，方能进入省赛乃至全国复赛和决赛。在大

赛的举办过程中，全国组委会不接受学校或个人的申报。

（四）大赛准备的材料

大赛分为校赛、省赛、国赛等3个层面以及预赛、复赛、决赛等3个阶段来开展。对于参赛项目申报材料的具体形式和要求，在校赛阶段与省赛阶段，由各高校、各地区自行决定。

对于经选拔后参加全国复赛的项目，有如下规定：参加"挑战杯"中国大学生创业计划竞赛的项目申报材料包括项目申报表、项目方案书、项目展示介绍视频等；参加创业实践挑战赛的项目申报材料包括项目申报表、项目运营报告、项目展示介绍视频、项目注册运营证明材料等；参加公益创业赛的项目申报材料包括项目申报表、项目方案书、项目展示介绍视频等。

其中，对于参加上述3项主体赛事的项目申报表、项目展示介绍视频，出于工作正规性、便捷性等考虑，均有统一规定和格式要求；对于项目方案书、项目运营报告，为培养及发挥广大学子的创意思维、创新意识和创造能力，全国组委会未做统一要求，参赛同学可结合项目实际和自身情况自行设计撰写；对于项目涉及的创造专利、注册运营、国家法律政策等方面的事宜，须提供相应的证明材料。

（五）创业实践挑战赛与大学生创业计划竞赛的区别

第一，面向群体上的差异。大学生创业计划竞赛面向高校在校学生；而创业实践挑战赛的参赛对象除高校在校学生外，还面向毕业5年以内的高校毕业生。

第二，参赛项目上的差异。大学生创业计划竞赛分为已创业、未创业两类项目；创业实践挑战赛的参赛项目全部须为已创业项目。

第三，评审规则上的差异。大学生创业计划竞赛重点考察参赛项目的创业时机、开展战略；创业实践挑战赛重点考察参赛项目的运营实绩和参赛选手的创业能力，更加强调赛事的实战性和社会性。

此外，高校在校学生的已创业项目，具备参加上述两项赛事的资格，可根据自身实际情况，选择参加其中一项。对此，全国组委会无特殊规定。

六、"创青春"全国大学生创业大赛评审标准

（一）公益性

第一档：对社会问题关注深入，立项所针对问题具体且受到关注较多、亟待解决。

第二档：对社会问题有较多关注，立项所针对问题受到关注较多、有解决的必要。

第三档：对社会问题了解不多，立项所针对的问题不很清晰或已经得到较好解决。

第四档：对社会问题的了解和关注缺乏，立项所针对的问题不清晰或不属于公益范畴。

（二）创业性

第一档：能够通过具有创新性、普适性、可推广性的商业模式，在消耗资源的同

时不断引入大量新资源使项目可自身维持、可持续发展，由此很好地解决瞄准的社会问题。

第二档：能够通过创新性的商业模式，在消耗资源的同时不断引入大量新资源使项目可自身维持、可持续开展，由此较好地解决瞄准的社会问题。

第三档：能够应用相对少量的启动资源，来撬动社会各界相对大量的资源，并通过商业运作的方式不断引入新资源来解决瞄准的社会问题。

第四档：主要依靠本身的资金推进项目，能在一定程度上解决瞄准的社会问题。

（三）实践性

第一档：很好地结合了人力、资源等实际情况，设定了切实可行的项目进度及目标，有丰富的实践成果。

第二档：能够结合人力、资源等实际情况，设定了可行的项目进度及目标，有一定的实践成果。

第三档：未能充分考虑人力、资源等实际情况，进度及目标较难完成，实践成果较少。

七、"创青春"全国大学生创业大赛商业方案书主要内容

创业项目书主要内容一般包括：执行总结，产业背景和公司概述，市场调查和分析，公司战略，总体进度安排，关键的风险、问题和假定，管理团队，企业经济状况，财务预测假定，假定公司能够提供的盈利等十个方面。

（一）执行总结

执行总结是创业方案的精练概括。

（二）产业背景和公司概述

产业背景包括详细的市场描述、主要的竞争对手、市场发展前景及趋势。公司概述应包括详细的技术、产品或服务描述以及它如何满足关键的顾客需求，进入市场策略和市场开发策略。

（三）市场调查和分析

市场调查和分析主要阐释以下问题：顾客、市场容量和趋势、竞争对手的竞争优势、预计市场份额和销售额、市场开展的趋势。

（四）公司战略

公司战略阐释公司如何开展竞争，它包括三个问题：首先是营销方案，包括定价和分销、广告和提案；其次是规划和开发方案，包括开发状态和目标、困难和风险；最后是制造和操作方案，包括操作周期、设备和改良。

（五）总体进度安排

公司的进度安排包括收入、支出，现金流、市场份额、产品开发介绍、主要合作伙伴、融资等。

（六）关键的风险、问题和假定

说明要如何应付风险的方案措施（紧急方案）。

（七）管理团队

介绍公司的管理团队，其中要注意介绍成员与管理公司相关的教育和工作背景（注意管理分工和互补），介绍领导层成员、创业参谋以及主要的投资人和持股情况。

（八）企业经济状况

介绍公司的财务方案、讨论关键的财务表现驱动因素。

（九）财务预测假定

对于未创业的项目，一般情况下做合理性预测，包含未来6个月、1年、3年的财务运行预测。对于已创业公司，做公司成立以来的财务报告及未来1年、3年、5年的财务估算。

（十）假定公司能够提供的盈利

参考案例 2-1

第四节　省级大学生创新创业训练项目

一、省级大学生创新创业训练项目介绍

为全面贯彻落实《江苏省高等学校大学生创新创业训练计划实施管理办法（试行）》和《江苏省深化高等学校创新创业教育改革实施方案》等文件精神，进一步推动我省教育教学改革，促进人才培养模式创新，鼓励和支持大学生参与科学研究、技术开发和社会实践等创新创业活动，不断激发学生学习的主动性、积极性，增强大学生的创新精神、创业意识和创新创业能力，提高大学生的科学素质和文化素养，江苏省积极响应国家号召，不断推动形成"创新创业训练计划"四级实施体系，分别为"国家级—省级—校级—院级"，建立校级项目从院级项目中培育，省级项目从校级项目中遴选产生，国家级项目从省级项目中择优推荐的制度，形成以国家级大学生创新创业训练计划为龙头、省级大学生创新创业训练计划为主干、校级大学生创新创业训练计划为基础、院级大学生创新创业训练计划为补充，衔接紧密、结构完善的国家、省、校和院四级大学生创新创业训练计划实施体系。

二、省级大学生创新创业训练项目实施目的与基本原则

（一）实施目的

实施目的为：进一步推动高等教育教学改革，促进人才培养模式和教学方法的创新，鼓励和支持大学生参与科学研究、技术开发和社会实践等创新活动，不断激发学生学习的主动性、积极性和创造性，提高大学生的科学素质和文化素养，培养大学生的创新精神、创业精神和实践能力。

（二）实施原则

首先，注重过程参与，大学生实践创新训练计划的实施更加注重实践创新研究过程。引导学生在导师的指导下，自主完成创新性研究项目设计、研究条件准备和项目实施、研究报告撰写、成果（学术）交流等工作，不断提高学生的自我学习能力、团结协作能力和组织实施能力。其次，注重实践创新，鼓励学生结合学科专业，从自

身所长与兴趣出发，积极参与实验实践活动，在探索、研究、创新的实践训练过程中，提出自己的观点与见解。最后，注重切实可行，创新训练计划项目要思路新颖、目标明确、研究方案及技术路线基本可行、实施条件基本可靠。

三、省级大学生创新创业训练项目选题

省级大学生创新创业训练项目选题方法主要有以下几方面：（1）学习、生活中发现的问题或有一个想法。（2）在专业方向领域内查阅分析资料。（3）确定必要性和可行性，选择要做的项目。（4）咨询指导老师。选题要能够从以下几方面考虑：首先，题目的难易程度和规模适中。其次，要注重应用性、创新性，选题要具有一定的工作量，适合大学生进行研究。最后，要考虑到项目实现的条件。对创新训练项目而言，研究性质属于应用基础研究，主要围绕一个科学问题（非技术问题）展开。

因此，选题应以理论研究、方法研究为主，配合必要的实验，完成一个科学研究过程。结题多为论文或专利。对创业实践项目来说，研究属于应用研究，主要围绕某一个现实问题，采用一系列的技术手段来研发产品，使问题得到解决。结题多为实物研制报告。

四、省级大学生创新创业训练项目申报技巧

第一，对于应用研究来说，要使复杂的问题简单化，节省阅读时间，一目了然，这样容易给评委留下深刻的印象。

第二，对于应用基础研究来说，要使简单的问题复杂化，从技术问题中凝练出科学问题，并从理论高度分析问题、解决问题。

第三，要使专业的问题科普化。评委的专业及涉猎范围较广但研究较浅，甚至有时候还是外行，想让他们看懂，必须用科普化的语言，告诉他们你能解决什么问题、怎么解决、有什么用处，保证项目专业领域内外的评委都能够快速了解项目，并最大限度地认同项目。

第四，选定题目后，起一个好的项目名称很关键。题目要求明确研究对象，明确解决的问题，明确采用的方法，比如《基于多支持向量的数据采集技术的研究设计》。

第五，撰写精简、凝练的摘要。第一句话表述清楚研究的背景及存在的问题；第二句话指出本项目问题的核心点；第三句话提出解决问题的具体内容及解决方案；最后一句话指出问题解决的理论和现实意义。框架如下：本项研究的内容在某领域的重要性，但是它存在一定的技术难题及核心问题要解决。本项目拟采用某创新方法或技术来解决这个问题。具体的内容如下：首先是针对某具体核心先做什么，其次是解决什么问题再做什么，最后怎么样通过行业和市场化运营验证解决方案，得出适用性、优越性的结论。综上所述某某问题的解决对某某领域的某项技术的发展提供理论和技术支持。

五、省级大学生创新创业训练项目的方案编写

（一）项目研究的背景（研究的意义、国内外现状及发展趋势、问题的应用前景）

首先，阐明研究对象在其应用领域的重要性、自身存在什么问题、问题产生的原

因，解决这个问题的意义。其次，阐明解决这个问题有哪些方法，不同方法各有何优缺点，本项目采用什么方法有何优点，以及问题解决的理论意义和现实意义。分析研究对象的现状、问题的现状、解决问题的方法的现状、目前该问题的解决趋向于哪个方向。通过文献检索和市场调研，用具体实例融合上述问题，思路清晰、逻辑性较好地把现状展示出来。最后，综上给出本项目解决问题的方法。

参考案例 2-2

（二）研究目标

用一段话，约 3~5 行文字，概括地说出本项目要解决的问题。

（三）研究内容

研究内容要概述技术思路，点出研究点；分点论述各研究点要解决的问题，不需要展开；研究点不宜过多，3~5 个即可。例如：

"自动校重机器人研究设计"项目的研究内容撰写示例。

电子秤是目前较为常见的电子衡器之一，可瑞尔科技（扬州）有限公司专业从事电子秤的生产，电子秤在出厂的时候要能够完成精度与准确度的检测。根据检测的标准需要用（1kg-25kg）的五个不同砝码在秤体的中心点以及四个角进行五点测试，测试在标准砝码作用下电子秤的读数是否在误差的允许范围内。因此，设计一个校重机器人替代人工劳动就要能够按照这样的流程进行砝码的顺序自动抓取，并且每个砝码自动完成五个不同点测试，在完成所有的测试之后要能够自动恢复到原始状态，继续进行下一个电子秤的测试。产品设计所需要完成的功能主要有以下几个方面。

（1）现场调研人工进行电子秤校重的工作流程，并进行工艺研究。

（2）根据流程进行自动化设计方案的选择与确定。

（3）研究三轴控制器在校重过程中的控制方案，根据路径规划确定控制方法。

（4）研究校重过程中执行机构的组成与性能提升方案。

（5）完成产品控制软件的编写与系统的调试。

（四）拟解决的关键问题

拟解决的关键问题概括出解决总体问题需要攻克的核心技术问题，比研究内容的特点有所深入。例如：

"基于 CNC 三维雕刻机器人研究设计"项目拟解决的关键问题撰写示例。

（1）基于 CNC 三维雕刻机器人能够根据雕刻对象的不同采取在线编程方式进行参数调整，可以进行不同格式的矢量图文件的导入，支持二维、三维雕刻。

（2）自带断电保护功能，能够适应 AC 100-500 V 的电压变化范围。

（3）系统运行时伺服电机的稳速精度在±0.1 rpm 以内。

（4）雕刻精度对于亚克力板等板材可以达到 0.1 mm，铝材料等可以达到 0.2 mm。

（五）技术路线

这一部分应给出技术概述及总框架图，根据图的模块，逐一给出解决方法，尽可能地展开。例如：

"基于 CNC 三维雕刻机器人研究设计"项目的研究目标撰写示例。

项目研究遵循先功能规划，再电路设计、软件设计，最终软件与硬件综合调试的设计思路，设计的总体结构与具体的技术路线图分别如图 2.7、图 2.8 所示。

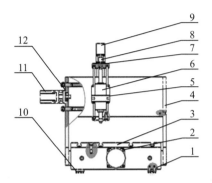

1—螺栓；2—X 轴伺服电机；3—工作台；4—立柱；5—电主轴安装座；6—电主轴；7—滚珠丝杠；8—联轴器；9—Z 轴伺服电机；10—地脚；11—Y 轴伺服电机；12—轴承。

图 2.7　项目产品设计框图

图 2.8　技术路线图

目前本项目已经开展，与企业签订了技术服务合同，同时确定了基本的研究思路，完成了部分技术资料的收集与整理工作，完成了部分设计，如图 2.9 所示。

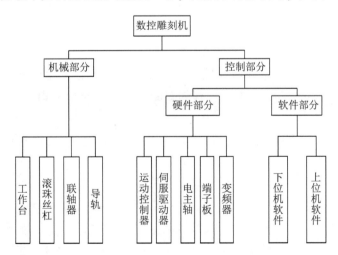

图 2.9　基于 CNC 三维雕刻机器人的结构图

（六）项目的特色与创新

通过前面的论述，提炼出本项目解决方案中体现出来的创造性工作或有特色的研究点，不宜太多，2~3 点即可，可以是总体思路，也可以是技术亮点。例如：

"自动校重机器人研究设计"项目中的特色与创新撰写示例。

（1）控制器选择。校重机器人研究设计的控制器件对于整体的控制性能具有重要的影响。可以选择的控制器主要有单片机、PLC与三轴运动控制器等。单片机的驱动能力较低，同时单片机的IO口较少，在校重机器人产品开发中单片机的控制功能不能完全满足控制的需求，需要增加较多的驱动电路，这会导致电路的可靠性降低，复杂度提升，不满足工程化产品设计的需求；PLC具有强大的控制功能，能够满足校重机器人在运动以及砝码抓取等方面的控制功能，但是PLC的价格较高，不能满足企业大规模改造的需求。同时PLC的控制程序编写对专业能力的要求较高，设计难度较大。三轴控制器结合了运动控制器件与PLC的优势，在对伺服电机控制的基础上形成在X、Y、Z三个方向的移动控制具有显著的优势。同时三轴控制器的价格较低，有与伺服电机的预留接口，控制器本身集成了PLC的功能，支持PLC梯形图等编辑功能，也具有自身图形化编程界面，有效降低了开发的难度。因此，项目的第一个创新点就是选用了性价比较高的三轴控制器作为产品的主控单元。

（2）产品功能的创新。校重机器人属于非标设备、定制设备。产品的功能满足了实际工业生产的要求，有效降低了人力劳动强度，提升了生产效率。在进行不同类型电子衡器校重的时候，可以在线进行程序的修改，按照电子衡器的调试工艺工作。

（3）抓取方案。校重机器人在进行不同质量砝码抓取的时候，采用了先进的电子吸盘。吸盘工作稳定可靠，可以实现 40 kg 以内砝码的有效抓取，适应了校重机器人的工作要求。

（七）项目的研究基础

项目已有的研究基础，包括与本项目有关的研究积累和已经取得的成绩。可以是团队的构成、在行业领域已取得的进展和成就；也可以是硬件设备，即现有的条件和基础，如创新实验室、科研工作室、实验实训设备、电子文献图书等。例如：

"基于CNC三维雕刻机器人研究设计"项目中的研究基础撰写示例。

（1）团队成员以"创新工程实践"等创新类课程为通识性专业课程，对于工程技术创新具有充分的认知，掌握了工程创新的基本理念与相关能力，具备文献检索、专利申报等能力。

（2）团队成员前期参与了省级技能竞赛培训与比赛、校级大学生创新创业项目实践，有从事创新创业项目的必要经验与完成项目的组织能力。

（3）团队成员前期参与了由指导老师主持的企业工业自动化改造项目，对工业自动化以及相关技术有充分的了解，掌握了本项目研究的必要基础。

（4）实验条件：项目研发基于我校信息工程学院的实训平台与扬州市信息与自动化工程技术研究中心，具备成套的工业机器人、自动生产线的工程应用实训系统，能够满足本智能系统的搭建和基本程序的设计；同时，合作企业的设备以及前期的研究成果也为项目的完成提供了重要基础。

（八）预期研究成果

紧扣项目要求和项目性质，做力所能及的事情，不虚夸；不要低于项目要求；文章、专利要写明级别，预期成果要能够符合项目结题的要求，同时也要考虑到是否符合项目验收的要求。

任务与思考

1. 查阅资料，了解目前大学生参加的主流创新创业项目，编写年度赛项日程表。
2. 以小组为单位，结合自己所学，用头脑风暴法选择至少一项创新创业项目，确定项目的主题。
3. 根据创新创业项目的主题，撰写项目执行总结。
4. 以小组为单位，对项目执行总结进行研讨，并完成自我评价与相互评价。

 创新创业实践能力

 新课导入

在创新创业实践过程中,创新创业能力最终体现的是实际的项目实践能力。项目实践能力包含对商业模式创新的认知、对工业设计理念及创新流程的理解,在项目实践能力中,创新创业项目的知识产权、科技项目技术壁垒、项目运行商业模式也具有重要的意义。通过对实际的创新创业完整流程的实施,提升学生在创新创业中的实践能力。

第一节 商业模式创新

一、商业模式创新的缘起与定义

(一)缘起

互联网的出现改变了基本的商业竞争环境和经济规则,标志着"数字经济"时代的来临。互联网使大量新的商业实践成为可能,一批基于互联网的新型企业应运而生。新涌现的一些企业,如雅虎、亚马逊及易贝等,在短短几年时间内,就取得巨大发展,并成功上市,许多人也随即成为百万甚至亿万富翁,产生了强力的示范效应。他们的赚钱方式明显有别于传统企业。于是,"商业模式"一词开始流行,它被用于描述这些企业是如何获取收益的。这些基于互联网的新型企业的出现,对许多传统企业也产生了强烈冲击与深远影响。如亚马逊仅用短短几年就发展成为世界上最大的图书零售商,给传统书店带来严峻挑战。1998年后,美国政府也因此甚至对一些商业模式创新授予专利,以给予积极的鼓励与保护。无论是对准备创业的,还是已有创业企业的人来说,这些都激励他们在这个经济变革时期,从根本上重新思考企业赚钱的方式,思考自己企业的商业模式,于是商业模式创新开始受到重视。

到2000年前后,"商业模式"作为人们最初用来描述数字经济时代新商业现象的一个关键词,其应用已不仅仅局限于互联网产业领域,而被扩展到了其他产业领域。不仅企业家、技术人员、律师和风险投资家等商界人士经常使用它,学术界研究人员等非商业界人士也开始研究并应用它。随着2001年互联网泡沫的破裂,许多基

于互联网的企业虽然可能有很好的技术，但由于缺乏良好的商业模式而破产倒闭，而另一些企业尽管它们的技术最初可能不是最好的，但由于商业模式较好，则依然保持很好的发展。于是，商业模式的重要性得到了更充分的显现。人们意识到，在全球化浪潮冲击、技术变革加快及商业环境更加不确定的时代，决定企业成败最重要的因素，不是技术，而是它的商业模式。2003年前后，创新并设计出好的商业模式，成了商业界关注的新焦点，商业模式创新开始引起人们的普遍重视，商业模式创新被认为能带来战略性的竞争优势，是新时期企业应该具备的关键能力。商业模式的创新兴起，在全球商业界，更引起前所未有的重视。2006年就创新问题对IBM在全球765个公司的部门经理的调查表明，他们中已有近1/3的人把商业模式创新放在最优先的地位。而且相对于那些更看重传统的创新，相对于产品或工艺创新者来说，他们在过去5年中的经营利润增长率表现比竞争对手更为出色。

（二）定义

要理解什么是商业模式创新，首先需要知道什么是商业模式。虽然最初对商业模式的含义有争议，但到2000年前后，人们逐步形成共识，认为商业模式概念的核心是价值创造。商业模式是指企业价值创造的基本逻辑，即企业在一定的价值链或价值网络中如何向客户提供产品和服务并获取利润。通俗地说，就是企业如何赚钱。商业模式是一个系统，由不同组成部分、各部分间连接关系及其系统的"动力机制"三方面组成。商业模式的各组成部分，即其构成要素大体有9个，可归为5类。有些要素间密切相关，如核心能力和成本是企业内部价值链的结果或体现，客户关系依赖于所提供产品或服务的性质及提供渠道。每个要素还以更为具体的若干维度表现出来，如市场类的目标客户要素，从覆盖地理范围看，可以是当地、区域、全国或者国际；从主体类型看，可以是政府、企业组织或者一般个体消费者；或者是根据年龄、性别、收入甚至生活方式划分的一般大众市场或细分市场等。

商业模式创新是指企业价值创造基本逻辑的变化，即把新的商业模式引入社会生产体系，并为客户和自身创造价值，通俗地说，商业模式创新就是指企业以新的有效方式赚钱。新引入的商业模式，既可能在构成要素方面不同于已有商业模式，也可能在要素间关系或者动力机制方面不同于已有商业模式。

二、商业模式创新的特征

（一）商业模式创新的共同特征

商业模式创新的必要条件有以下三个。

第一，提供全新的产品或服务，开创新的产业领域，或以前所未有的方式提供已有的产品或服务。如孟加拉国格莱珉银行面向穷人提供的小额贷款产品，开辟了全新的产业领域，是前所未有的。亚马逊卖的书和其他零售书店没有什么不同，但它的销售方式全然不同。美国西南航空提供的也是航空服务，但它提供的方式，也不同于已有的全服务航空公司。

第二，商业模式创新企业至少有4个要素明显不同于其他企业。如格莱珉银行不同于传统商业银行的是它主要以贫穷女性为主要目标客户、贷款额度小、不需要担保和抵押等。亚马逊比传统书店的产品选择范围更广，通过网络进行销售，在仓库配货运送等。西南航空也在多方面不同于其他航空公司，如提供点对点基本航空服务、不设头等舱、只使用一种机型等。

第三，有良好的业绩表现，体现在成本、盈利能力、独特竞争优势等方面。如格莱珉银行虽然不以营利为主要目的，但它一直是盈利的。亚马逊在一些传统绩效指标方面良好的表现，也表明了它商业模式的优势，使其在短短几年内就成为世界上最大的书店。数倍于竞争对手的存货周转速度给它带来独特的优势，消费者购物用信用卡支付时，通常在24小时内到账，而亚马逊付给供货商的时间通常是收货后的45天，这意味着它可以利用客户的钱长达一个半月。西南航空公司的利润率连续多年高于其全服务模式的同行。如今，美国、欧洲、加拿大等国内中短途民用航空市场的一半已逐步被像西南航空那样采用低成本商业模式的航空公司占据。

（二）商业模式创新特点

创新概念可追溯到熊彼特，他提出，创新是指把一种新的生产要素和生产条件的"新结合"引入生产体系。具体有5种形态：开发出新产品、推出新的生产方法、开辟新市场、获得新原料来源、采用新的产业组织形态。相对于这些传统的创新类型，商业模式创新有几个明显的特点。

第一，商业模式创新更注重从客户的角度看问题，"客户价值最大化"是商业模式追求的目标，其视角更为外向和开放，更多注重和涉及企业经济方面的因素。商业模式创新的出发点，是如何从根本上为客户创造增加的价值。因此，它的逻辑思考起点是客户的需求，根据客户需求考虑如何有效满足它，这点明显不同于许多技术创新。一种技术可能有多种用途，技术创新的视角，常是从技术特性与功能出发，看它能用来干什么，去寻找它潜在的市场用途。商业模式创新即使涉及技术，也多是和技术的经济方面因素相关，与技术所蕴含的经济价值及经济可行性有关，而不是纯粹的技术特性。

第二，商业模式创新表现得更为系统和根本，它不是单一因素的变化，而是常常涉及商业模式多个要素同时的、较大的变化，需要企业进行较大的战略调整，是一种集成创新。商业模式创新往往伴随产品、工艺或者组织的创新，反之，则未必足以构成商业模式创新。如开发出新产品或者新的生产工艺，就是通常认为的技术创新。技术创新通常是相对于有形实物产品的生产而言。但如今是以服务为主导的时代，对传统制造企业来说，服务也远比以前重要。因此，商业模式创新也常体现为服务创新，表现为服务内容、方式及组织形态等多方面的创新变化。

第三，从绩效表现看，商业模式创新如果提供全新的产品或服务，那么它可能开创了一个全新的可营利产业领域，即便提供已有的产品或服务，也能给企业带来更持久的营利能力与更大的竞争优势。传统的创新形态，能带来企业局部内部效率的提高与成本的降低，而且它容易被其他企业在较短时期内模仿。商业模式创新虽然也表现为企业效率提高与成本降低，但由于它更为系统和根本，涉及多个要素的同时变化，因此，它更难以被竞争者模仿，从而给企业带来战略性的竞争优势，且可以持续数年。

三、政府政策

创新创业是我国未来数十年经济社会发展的主旋律之一，商业模式创新是其高端形态，也是改变产业竞争格局的重要力量。商业模式创新实践已经超越以营利为主要目的的传统企业，拓展到社会企业、非政府组织和政府部门。商业模式创新，不仅仅是传统的以营利为主要目的企业的需求，也是社会企业、非政府组织和政府部门所需要的。总之，商业模式创新在我国的地位也将更加重要。例如，在杭州，商业模式创新企业可被评为高科技企业，享受相应政府政策。在区域竞争日益激烈的背景下，其他一些地方政府也正在推出或酝酿推出相似政策。中科院创新发展中心等机构也正在研究探讨国家层面的政府政策。因此，我们有理由相信，商业模式创新企业很快将得到政府更多、更有力的支持与促进。

四、商业模式创新方法与维度

（一）创新方法

商业模式创新就是对企业的基本经营方法进行变革。一般而言，有四种方法：改变收入模式、改变企业模式、改变产业模式和改变技术模式。

改变收入模式就是改变一个企业的用户价值定义和相应的利润方程或收入模型。这需要企业从确定用户的新需求入手。这并非市场营销范畴内的寻找用户新需求，而是从更宏观的层面重新定义用户需求，即去深刻理解用户购买你的产品需要完成的任务或要实现的目标是什么。其实，用户要完成一项任务时需要的不仅仅是产品，而是一个解决方案。一旦确认了此解决方案，也就确定了新的用户价值定义，并可依次进行商业模式创新。

国际知名电钻企业喜利得公司（Hilti）就从此角度找到了用户新需求，并重新确认用户价值定义。喜利得一直以向建筑行业提供各类高端工业电钻著称。但近些年来，全球化的激烈竞争使电钻成为低利标准产品。于是，喜利得通过专注于用户所需要完成的工作，意识到他们真正需要的不是电钻，而是在正确的时间和地点获得处于最佳状态的电钻。然而，用户因缺乏对大量复杂电钻的综合管理能力，经常造成工期延误。因此，喜利得随即改动它的用户价值定义，不再是出售而是出租电钻，并向用户提供电钻的库存、维修和保养等综合管理服务。为实现此用户价值定义，喜利得公司变革其商业模式，从硬件制造商变为服务提供商，并把制造向第三方转移，同时改变盈利模式。戴尔、沃尔玛、道康宁（Dow Corning）、飒拉、奈飞和端安航空等都是以此进行商业模式创新的。

改变企业模式就是改变一个企业在产业链的位置和充当的角色，也就是说，改变其价值定义中"造"和"买"的搭配，一部分由自身创造，其他由合作者提供。一般而言，企业的这种变化是通过垂直整合策略或出售及外包来实现的。如谷歌（Google）在意识到大众对信息的获得已从桌面平台向移动平台转移，自身仅作为桌面平台搜索引擎会逐渐丧失竞争力时，就实施垂直整合，大手笔收购摩托罗拉手机和安卓移动平台操作系统，进入移动平台领域，从而改变了自己在产业链中的位置及商业模式,由软变硬。IBM 也是如此。它在 20 世纪 90 年代初期意识到个人电脑产业无利可寻,即出售此业务,并进入 IT 服务和咨询业,同时扩展它的软件部门,一举改变了它在产业链中的位置和它原有的商业模式,由硬变软。甲骨文(Oracle)、礼来(Eli Lilly)、香港利丰和脸书(Facebook)等也都是采取这种思路进行商业模式创新的。

改变产业模式是最激进的一种商业模式创新,它要求一个企业重新定义本产业,进入或创造一个新产业。如 IBM 通过推动智能星球计划(Smart Planet Initiative)和云计算,重新整合资源,进入新领域并创造新产业,如商业运营外包服务和综合商业变革服务等,力求成为企业总体商务运作的大管家。亚马逊正在进行的商业模式创新是向产业链后方延伸,为各类商业用户提供如物流和信息技术管理的商务运作支持服务(Business Infrastructure Services),向它们开放自身的 20 个全球货物配发中心,并大力进入云计算领域,成为提供相关平台、软件和服务的领袖。其他如高盛(Goldman Sachs)、富士(Fuji)和印度大企业集团巴蒂电信(Bharti Airtel)等都在进行这类商业模式创新。

第四种方法是改变技术模式。产品创新往往是商业模式创新的最主要驱动力,技术变革也是如此。企业可以通过引进激进型技术来主导自身的商业模式创新,如当年众多企业利用互联网进行商业模式创新。当今,最具潜力的技术是云计算,它能提供许多崭新的用户价值,从而提供企业进行商业模式创新的契机。另一项重大的技术革新是 3D 打印技术,这项技术一旦成熟并能商业化,它将帮助诸多企业进行深度商业模式创新。如汽车企业可用此技术替代传统生产线来打印零件,甚至可采用戴尔的直销模式,让用户在网上订货,并在用户附近的场所将所需汽车打印出来。

(二) 创新维度

商业模式创新可以从战略定位创新、资源能力创新、商业生态环境创新及由这三种创新方式结合产生的混合商业模式创新这四个维度进行。

1. 战略定位创新

战略定位创新主要是围绕企业的价值主张、目标客户及顾客关系方面的创新,具体指企业选择什么样的顾客、为顾客提供什么样的产品或服务、希望与顾客建立什么样的关系,其产品和服务能向顾客提供什么样的价值等方面的创新。在激烈的市场竞争中,没有哪一种产品或服务能够满足所有的消费者,战略定位创新可以帮助企业发现有效的市场机会,提高企业的竞争力。

在战略定位创新中,企业首先要明白自己的目标客户是谁,其次是如何让企业提供的产品或服务在更大程度上满足目标客户的需求,在前两者都确定的基础上,再分析选择何种客户关系。合适的客户关系能使企业的价值主张更好地满足目标客户。

美国西南航空公司抓住了那些大航空公司热衷于远程航运而对短程航运不屑一顾的市场空隙,只在美国的中等城市和各大城市的次要机场之间提供短程、廉价的点对点空运服务,最终发展成为美国四大航空公司之一。日本 Laforet 原宿个性百货商店打破传统百货商店的经营模式——每层经营不同年龄段不同风格的服饰,专注打造以少男少女为对象的时装商城,最终成为最受时尚年轻人和海外游客欢迎的百货公司之一。王老吉创新性地将自己的产品定位为"饮料+药饮",为广大顾客提供可以"防上火"的饮料,正是这种不同于以往饮料行业只在产品口味上不断创新的竞争模式,最终使王老吉成为"中国饮料第一罐"。

2. 资源能力创新

资源能力创新是指企业对其所拥有的资源进行整合和运用能力的创新,主要是围绕企业的关键活动,进行所需要的关键资源的开发和配置等方面的创新。所谓关键活动是指影响其核心竞争力的企业行为;关键资源指能够让企业创造和提供价值的资源,主要指那些其他企业不能够代替的物质资产、无形资产、人力资本等。

在确定了企业的目标客户、价值主张及顾客关系之后,企业可以进一步进行资源能力的创新。战略定位是企业进行资源能力创新的基础。一方面,企业要分析在价值链条上自己拥有或希望拥有哪些别人不能代替的关键能力,根据这些能力进行资源的开发与配置;另一方面,如果企业拥有某项关键资源如专利权,也可以针对其关键资源制订相关的活动计划,对关键能力和关键资源的创新也必将引起收入源及成本的变化。

丰田以最终用户需求为起点的精益生产模式,改变了20世纪70年代以制造商为起点的商业模式,通过有效的成本管理模式创新,企业大大提高了经营管理效率。20世纪90年代,当通用公司发现传统制造行业的利润越来越小时,就开始改变行业中以提供产品为其关键活动的商业模式,创新地提出以利润和客户为中心的"出售解决方案"模式。在传统的经营模式中,企业的关键活动是为客户提供能够满足其需求的机械设备,但在"出售解决方案"模式中,企业的关键活动是为客户提供一套完整的解决方案,而那些器械设备则成为这一方案的附属品。有资料显示,通用公司的这一模式令通用公司在一些区域的销售利润率超过30%。另外,通用公司还积极扩展它的利润源,建立了通用电气资本公司。在20世纪80年代中后期,通用电气资本年净收入增长率达到18%,远远超出通用公司其他分部4%的平均值。

3. 商业生态环境创新

商业生态环境创新是指企业将其周围的环境看作一个整体,打造出一个可持续发展的、共赢的商业环境。商业生态环境创新主要围绕企业的合作伙伴进行,包括供应商、经销商及其他市场中介,在必要的情况下,还包括其竞争对手。市场是千变万化的,顾客的需求也在不断变化,单个企业无法完全胜任这一任务,企业需要联盟与合作来达到共赢。

企业战略定位及内部资源能力都是企业建立商业生态环境的基础。没有良好的战略定位及内部资源能力,企业将失去挑选优秀外部合作者的机会以及与他们议价的筹码。一个可持续发展的、共赢的商业环境也将为企业的未来发展及运营能力提供保证。

20世纪80年代,美国最大的连锁零售企业沃尔玛和全球最大的日化用品制造商宝洁争执不断,二者相互威胁与抨击,各种口水战及笔墨官司从未间断。争执给双方都带来了损失,后来双方开始反思,最终建立了一种全新的供应商—零售商关系,把产销间的敌对关系转变成了双方均能获利的合作关系。宝洁开发并给沃尔玛安装了一套"持续补货系统",该系统使宝洁可以实时监控其产品在沃尔玛的销售及存货情况,然后协同沃尔玛共同完成相关销售预测、订单预测以及持续补货的计划。这种全新的协同商务模式为双方带来了丰厚的回报。根据贝恩公司调查显示,2004年宝洁514亿美元的销售额中有8%来自沃尔玛,而沃尔玛2 560亿美元的销售额中有3.5%归功于宝洁。另一个建立共赢的商业生态环境的是戴尔公司。戴尔公司自己既没有品牌又没有技术,它凭什么在短短二十几年的时间里,从一个由大学没毕业的学生创建的企业一跃成为电脑行业的佼佼者?就是因为它独特的销售渠道模式。但是,在其独特的销售模式背后是戴尔公司建立的共赢的商业生态模式,它在全球建立了一个以自己的网络直销平台为中心、众多供应商环绕其周围的商业生态经营模式。

4. 混合商业模式创新

混合商业模式创新是一种战略定位创新、资源能力创新和商业生态环境创新相互结合的方式。企业的商业模式创新一般都是混合式的,因为企业商业模式的构成要素即战略定位、内部资源、外部资源环境之间是相互依赖、相互作用的,每一部分的创新都会引起另一部分相应的变化。而且,这种由战略定位创新、资源能力创新和商业能力创新两两相结合甚至三者结合进行的创新,都会为企业经营业绩带来巨大的改善。

苹果公司的巨大成功,不单单源于其独特的产品设计,还源于其精准的战略创新。苹果公司看中了终端内容服务这一市场的巨大潜力,因此将其战略从纯粹的出售电子产品转变为以终端为基础的综合性内容服务提供商。从"iPod+iTune"到后来的"iPhone+APP"都充分体现了这一战略创新。在资源能力创新方面,苹果公司突出表现在能够为客户提供充分满足其需求的产品这一关键活动上。

总之,商业模式创新既可以是三个维度中某一维度的创新,也可以是其中的两点甚至三点相结合的创新。有效的商业模式这一新鲜事物能够带来卓越的超值价值,商业模式创新将成为企业家追求超值价值的有效工具。

第二节 工业设计

工业设计(industrial design,ID)指以工学、美学、经济学为基础对工业产品进行设计。工业设计分为产品设计、环境设计、传播设计、设计管理四类;包括造型设计、机械设计、电路设计、服装设计、环境规划、室内设计、建筑设计、UI设计、平面设计、包装设计、广告设计、动画设计、展示设计、网站设计等。工业设计又称工业产品设计学,工业设计涉及心理学、社会学、美学、人机工程学、机械构造、摄影、色彩学等。工业发展和劳动分工所带来的工业设计与其他艺术、生产活动、工艺制作等都有明显不同,它是各种学科、技术和审美观念的交叉产物。

一、历史沿革

工业设计起源于包豪斯（Bauhaus，1919—1933），包豪斯是德国魏玛市公立包豪斯学校的简称，后改称"设计学院"，习惯上仍沿称"包豪斯"。在两德统一后位于魏玛的设计学院更名为"魏玛包豪斯大学"。它的成立标志着现代设计的诞生，对世界现代设计的发展产生了深远的影响，包豪斯也是世界上第一所完全为发展现代设计教育而建立的学院。

二、名词解释

工业设计的对象是批量生产的产品，区别于手工业时期单件制作的手工艺品。它要求必须将设计与制造、销售与制造加以分离，实行严格的劳动分工，以适应于高效批量生产。这时，设计师便随之产生。因此，工业设计是现代化大生产的产物，研究的是现代工业产品，目的是满足现代社会的需求。

产品的实用性、美和环境是工业设计研究的主要内容。工业设计从一开始就强调技术与艺术相结合，所以它是现代科学技术与现代文化艺术相融合的产物。它不仅研究产品的形态美学问题，而且研究产品的实用性能和产品引起的环境效应，使它们得到协调和统一，更好地发挥其效用。

工业设计的目的是满足人们生理与心理两方面的需求。工业产品是满足手工艺时代人们生产和生活的需要，无疑工业设计就是为现代人服务的，它要满足现代人的需求。所以它首先要满足人们的生理需要。一个杯子必须能用于喝水，一支钢笔必须能用来写字，一辆自行车必须能代步，一辆卡车必须能载物，等等。工业设计的第一个目的就是通过对产品的合理规划，使人们能更方便地使用它们，使其更好地发挥效力。在研究产品性能的基础上，工业设计还通过合理的造型手段，使产品能够富有时代精神，符合产品性能与环境协调的产品形态，使人们得到美的享受。

工业设计是有组织的活动。在手工业时代，手工艺者大多单枪匹马，独自作战。而工业时代的生产不仅批量大，而且技术性强，从而不可能单独完成，为了把需求、设计、生产和销售协同起来，就必须进行有组织的活动，以分工劳动的高效率，更好地满足社会需求。

国际工业设计协会联合会自1957年成立以来，加强了各国工业设计专家间的交流，并组织研究人员给工业设计下过两次定义。其中在1980年举行的第十一次年会上公布的修订后的工业设计定义为："就批量生产的产品而言，凭借训练、技术知识、经验及视觉感受而赋予材料、结构、构造、形态、色彩、表面加工以及装饰以新的品质和资格，这叫作工业设计。"

三、发展

当人类第一次把石头用作工具时，装饰洞穴的第一次设计就开始了。随着社会的发展，工业设计正式形成于工业革命时期，至今已有250多年历史。由于历史原因，在我国比较系统地引进工业设计的理念、方法的过程中，前期发展较缓慢。随着科学发展观的贯彻落实与转变发展方式的需求，后期工业设计发展的步伐大大加快。胡锦涛主席、温家宝总理、吴邦国委员长等时任国家领导人多次下达相关重要指示和批示；国家"十一五""十二五"规划及政府工作报告都将发展工业设计的规划列入战略中；2010年，工信部等11个部委联合发布专门文件《关于促进工业设计发展的若干指导意见》；2011年年底，国务院颁布的《工业转型升级》五年规划，以及2012年年初国务院办公厅发布的《关于加快发展高技术服务业的指导意见》这两份国家级重要文件，都具体强调了要发展工业设计的实施方案。北京、上海、广东、浙江、江苏、深圳等20多个省、直辖市和地级市都制订了促进工业设计发展的具体政策措施。在宏观环境大大改善的情况下，头部企业及新兴企业跨步向前，涌现了一批领军人物和优秀产品。其中许多产品不但获得国内"红星奖"，还获得国际上知名的奖项。

我国的设计产业虽取得长足发展，但在总体水平上还与成熟的发达国家有较大差距。我国工业设计产业仍具有较大的发展潜力，问题在于如何正确、合理地引导工业设计的发展方向，这就需要借鉴先进国家的发展经验，找出适合我国发展的模式，实现我国工业设计产业的腾飞。

德国、美国、日本、韩国等发达国家都将发展工业设计上升到国家战略高度予以重点扶持。以宝马、奔驰、苹果、索尼为代表的世界知名企业及其主要产品是工业设计的典范。改革开放以来，我国工业设计产业发展迅速，主要集中分布在环渤海经济圈、长三角地区和珠三角地区。但在其规模化发展阶段上还远远落后于发达国家。

四、学术范畴

随着工业设计领域的日益拓宽，不同领域又呈现各自不同的特点，可以从不同的角度对工业设计领域进行划分。

（一）按照艺术的存在形式进行分类

一维设计，泛指单以时间为变量的设计。二维设计，也称平面设计，是针对在平面上变化的对象，如图形、文字、商标、广告的设计等。三维设计，也称立体设计，是对产品、包装、建筑与环境等的设计。四维设计，是三维空间伴随一维时间（即3+1的形式）的设计，如舞台设计等。

（二）从人、自然与社会的对应关系出发，按照学科形成的本质含义分类

人、自然、社会组成了最基本的关系圈，其分类的对应关系是：产品设计，相当于狭义工业设计，是以三维设计为主的；环境设计，包括各类建筑物的设计、城市与地区规划、建筑施工计划、环境工程等；传播设计，即对以语言、文字或图形等为媒介而实现的传递活动所进行的设计。根据媒介的不同可归为两大类：以文字与图形等为媒介的视觉传播和以语言与音响为媒介的听觉传播。

（三）按照工业设计概念与界定来分类

随着科技的发展和现代化技术的运用，工业设计与工艺美术设计的界限正在变得日益模糊，一些原属于工艺美术设计领域的设计活动兼具了工业设计的特点，如家具设计与服装设计。工业设计作为连接技术与市场的桥梁，迅速扩展到商业领域的各个方面。即便是在自成体系的建筑领域，工业设计也发挥出越来越重要的作用。

五、社会特征

（1）社会活动。工业发展和劳动分工所带来的工业设计与其他的艺术活动、生产活动、工艺制作等都有着明显的不同，工业设计是各种学科、技术和审美观念相交叉的产物。

（2）社会价值。我们每天所接触的世界本来就是统一体。各种事物也是一样，具有多面性，是同一的自然体，但是人们在认识自然界的过程中，为了有条理，易于把握，才对世界、自然进行分类，从而产生了数学、物理、化学等各种学科及哲学、美学、艺术等各种理论。然而实际上，任何一个实在的东西都应该是全息的，是各种规律、各个侧面的综合。人类的造物活动也不例外，它是通过人们掌握的各种知识、技能，来满足人本身的需要。工业设计极力要求人类在生产实践活动中，把科学技术与文化艺术重新统一起来。所以，工业设计包括了科技与艺术方面的众多学科知识，使工业设计既能满足产品技术方面的要求，又能处理好艺术方面的内容，来满足人类需求这一最高目的。

六、工业设计的功能

设计古而有之，随着社会的不断进步，发展出许多分支。如机械、电子电路、化工等设计都属于技术方面的工程设计范畴，它们着重解决机械或器具的性能问题。这些性能无疑是为人服务的，但主要是以间接的方式实现的，而工业设计是一门横向学科。工业设计侧重于人与物之间的关系，即倾向于满足人们的直接需要，使产品能安全生产，易于使用，降低成本，实现产品造型、功能、结构和材料协调统一。工业设计的功能主要包括以下几个方面：

1. 节本增效性

工业设计在使产品造型、功能、结构和材料科学合理化的同时，省去了不必要的功能以及不必要的材料，并且在提高产品的整体美与社会文化功能方面，能起到非常积极的作用。现代社会技术竞争很激烈，谁拥有新技术，谁就能在竞争中占有优势，但技术的开发非常艰难，代价和费用极其昂贵。相比之下，利用现有技术，依靠工业设计，则可用较低的费用提高产品的功能与质量，使其更便于使用、更加美观，从而增强竞争能力，提高企业的经济效益。

2. 提升竞争力

为了增强国际市场的竞争能力，我国一直强调要把产品的包装提升上去，这无疑是一个应急措施。但从发展前景来看，还必须从产品设计着手，重视产品的工业设计，才能从根本上解决问题。只有从全面考虑的综合视角出发，才能使技术、产品、包装统一起来。包装是工业设计的辅助设计，只有重视工业设计，在企业中大力推广工业设计，才能使产品有竞争力，增加企业的经济效益。

3. 艺术欣赏性

爱美是人的天性之一，而工业设计的目的就是为人服务，其重点在于改善产品的外形质量，通过对产品各部件的合理布局，增强产品自身的形体美以及与环境的协调美。

4. 产品系列化

工业设计源于大生产，并以批量生产的产品为设计对象。对工业设计产品进行标准化、量产化，可以为人们提供更多更好的产品。除此之外，工业设计还有使产品便于包装、贮存、运输、维修、回收、降低环境污染等作用。

总之，工业设计的中心议题是如何通过对产品的综合处理，增强其外形质量，使其便于使用，从而更好地为人们服务。

第三节 创新项目管理

一、项目管理的历史沿革

近代项目管理学科起源于20世纪50年代，项目管理通常被认为是第二次世界大战的产物，在四五十年代主要应用于国防和军工项目。项目管理专家把项目管理分为两个阶段——20世纪80年代以前为传统项目管理阶段，80年代以后为现代项目管理阶段。

（一）传统项目管理发展阶段

从20世纪40年代中期到60年代，项目管理主要是应用于发达国家的国防工程建设和工业/民用工程建设方面。此时采用的传统项目管理方法主要是致力于项目的预算、规划和为达到项目目标而借用的一些一般运营管理的方法，在相对较小的范围内所开展的一种管理活动。当时的项目经理仅仅被看作具体执行者，他们只是被动地接受一项给定任务或工作，然后不断接受上级的指令，并根据指令去完成自己负责的项目。从60年代起，许多人对项目管理产生浓厚兴趣，随后建立了两大国际性项目管理协会，即以欧洲国家为主的国际项目管理协会和以美洲国家为首的美国项目管理协会。各国相继成为项目管理协会会员，为项目管理的发展发挥了积极作用。在传统项目管理阶段中，发达国家的国防部门在项目管理的研究与开发方面占据了主导地位，他们创造的许多项目管理方法和工具一直沿用至今并被广泛使用。

（二）现代项目管理发展阶段

20世纪80年代之后的项目管理进入现代项目管理阶段，随着全球性竞争的日益加剧、项目活动的日益扩大和更为复杂、项目数量的急剧增加、项目团队规模的不断扩大、项目相关利益者的冲突不断增加、降低项目成本的压力不断上升等一系列情况的出现，作为项目业主/客户的一些政府部门与企业以及作为项目实施者的政府机构和企业先后投入了大量的人力和物力去研究和认识项目管理的基本原理、开发和使用项目管理的具体办法。

特别是进入20世纪90年代以后，随着信息系统工程、网络工程、软件工程、大型建设工程以及高科技项目研究与开发等项目管理新领域的出现，项目管理在理论和方法等方面不断地发展和现代化，使得现代项目管理在这一时期获得了快速的发展和长足的进步。同时，项目管理的应用在这一时期迅速扩展到社会生产和生活的各个领域和各行各业，且越来越重要。

二、项目管理的发展阶段

项目管理过程的五个阶段一般包括：启动、规划、执行、监控、收尾。项目先后衔接的各个阶段的全体被称为项目管理流程，在项目管理的流程中，每个阶段都有自己的起止范围，每个阶段完成时一定要通过本阶段的控制关口，才能进入下一阶段的工作。

1. 项目启动

在项目开工之前要先启动过程，这主要是为了设定其项目的主要目标，并且让项目中的团队有具体的事项可以做。

2. 项目计划

项目需要合理的规划，才能有更好的效果，在工程启动以后，要制定工作的基本路线，让项目团队有依据可以遵循。

3. 项目实施

项目启动规划好以后，就要开始执行任务，要让团队保持规划的路线行事。

4. 项目控制

在执行项目的过程中要监控整个项目的进展情况，进行合理的监控，要防患于未然，处理好项目进行时的过程。

5. 项目终止

收尾主要是为了让项目能有圆满的结束，为了达到最好的效果，进行最后的了结。在项目收尾阶段结束后，项目将进入后续的维护期。

三、项目管理的知识体系

项目管理包括项目整合管理、项目范围管理、项目时间管理、项目成本管理、项目人力资源管理、项目风险管理、项目质量管理、项目采购管理、项目沟通管理等9个方面。

（1）整合管理即在项目分析中，项目管理人员必须把各种能力综合起来并加以协调利用。

（2）范围管理定义项目的边界，着眼于"大画面"的事物。例如，项目的生命周期、工作分工结构的开发、管理流程变动的实施等。

（3）时间管理要求培养规划技巧。有经验的项目管理人员应该知道当项目出现偏离规划的情况时，如何让它重回规划。

（4）成本管理要求项目管理人员培养经营技巧，处理诸如成本估计、计划预算、成本控制、资本预算及基本财务结算等事务。

（5）人力资源管理着重于人员的管理能力，包括冲突的处理、对职员工作动力的促进、高效率的组织结构规划、团队工作和团队形成以及人际关系技巧。

（6）风险管理需要管理人员在信息不完备的情况下做决定。

（7）质量管理要求项目管理人员熟悉基本的质量管理技术。

（8）采购管理，项目管理人员应掌握较强的合同管理技巧。

（9）沟通管理要求项目管理人员能与他们的经理、客户、厂商及属下进行有效的交流。

二、科技查新

(一) 科技查新的含义

中华人民共和国科学技术部关于《科技查新咨询工作管理办法（试行）》中对科技查新工作的定义是指通过手工检索和计算机检索等手段，运用综合分析和对比等方法，为评价科研立题、成果、专利、发明等的新颖性、先进性和实用性提供文献依据的一种信息咨询服务形式。

科技查新的目的主要有以下两个方面。一是在科研管理方面，科技查新是验证科技创新项目内容的"把关人"，是验证项目新颖性的途径；二是体现在科学研究方面，科技查新应用于科技创新项目的始终，其服务对象主要是科研管理人员和研究人员，尤其是提供面向研究人员的服务。

(二) 科技查新的特点

(1) 面向特定的用户与科技创新项目。
(2) 检索人员的学科专业性。
(3) 检索方法、检索结果与结果分析的统一。
(4) 基本检索指标要求是"查全率"。
(5) 检索所得的相关文献的多寡与项目新颖性大小成反比。
(6) 可持续性和延展性。
(7) 书目信息与原文服务的统一。

(三) 科技查新的变化及所带来的问题

(1) 从手工检索到数据库检索，信息源从纸质到电子，导致了信息源选择更加多样与复杂。随着越来越多地用电子检索来替代手工检索，信息的可靠性判断难度加大。

(2) 从数据库检索到网络检索，导致了海量信息的出现。而越来越少地使用联机检索，甚至抛弃联机检索，其检索结果良莠不分，难以判断是否具有新颖性。

(3) 随着信息传播能力的提高及研究项目的国际化，科技查新检索结果出现了中国化的趋势，一些查新中心几乎抛弃了外文文献检索。

三、科技计划与科技创新项目

(一) 我国科技计划与科技创新项目类型

国家科技计划是政府组织科学研究和技术开发活动的基本形式，我国科技计划的制定一般由政府科技主管部门负责组织。目前科技部、国家发改委、教育部、国家自然科学基金委员会等推出了20多项国家级重大科技计划，计划以项目申报为中心。

国家科技计划可按其研究目的、经费来源、重要性等分为不同的类型。

(1) 按研究性质可分为：应用开发主导型，如科技攻关计划、星火计划、成果推广计划、技术创新工程、科技型中小企业创新基金等；高技术研究发展型，如高技术研究发展计划（"863"计划）、火炬计划等；基础研究型，如国家自然科学基金、国家重点实验室计划、基础性研究重大关键项目计划（攀登计划）等。

(2) 按管理部门可分为：国家项目、部门项目、地方项目。

(3) 按研究内容的重要程度和经费需求的大小可分为：重大项目、重点项目、一般项目等。

（二）科技创新项目的特征

研究任务明确、实现路径清晰；研究的创新性：基础性研究应体现对新知识体系的贡献，应用与开发研究应体现出技术的先进性和潜在的效益。

（三）主要的科技创新项目

国家自然科学基金是国家创新体系的重要组成部分，其战略定位是"支持基础研究，坚持自由探索，发挥导向作用"。自然科学基金面向全国，采取竞争机制，以资助"项目"和"人才"的方式，择优并重点支持我国具有良好研究条件和研究实力的高等院校和研究机构中的科技工作者从事自然科学基础研究。基础研究科学问题有两个来源，一是从科学自身发展提出的问题，二是从经济社会发展提出的问题。

国家自然科学基金委员会每年向社会发布《国家自然科学基金项目指南》（以下简称《项目指南》）引导广大科研人员积极申请项目，所有符合申请条件的科研人员均可通过所在单位自由申请各类项目，申请者根据《项目指南》可自行确定申请项目的名称、研究内容、目标以及方案等。国家自然科学基金委员会积极鼓励科研人员开展具有重要科学意义的、瞄准国际科学发展前沿的研究，以及开展针对我国国民经济和社会可持续发展中关键科学问题的创新性研究。鼓励科研人员充分利用国家现有科学研究基地开展工作，鼓励开展实质性的国际合作与交流，特别鼓励进行学科交叉方面的研究。

国家自然科学基金面向全国，已经在国家自然科学基金委员会注册的单位研究人员均可以根据自然科学基金各类项目的要求，向自然科学基金委员会提出申请。

四、科技创新项目管理

（一）科技创新项目管理的要素与内容

根据现代项目管理理论，科技项目实施要经历项目可行性论证、规划计划、实施与控制、收尾和验收等几个阶段，所涉及的管理技术包括项目范围管理、进度管理、资金管理、质量管理、风险管理、项目队伍管理、设备采购管理、沟通管理和项目整体管理等。

1. 项目立项管理

包括撰写发布指南与项目申请、进行可行性论证或评估、项目审批、项目签署等。

2. 项目实施管理

包括明确各方职责、建立项目年度报告制度、中期评估等。

3. 项目结题验收管理

包括验收时间、验收程序、验收资料、验收小组、验收结论等。

（二）科技创新项目前期、中期和后期的管理

主要包括前期评估、中期评估、后期评估。

(三) 科技创新项目管理中存在的问题

(1) 我国的科技评估制度到目前为止，重点还是对科技成果的评审。

(2) 近几年对国家和省级项目开展了科技评审，但比较注重的是对申报项目的前期评估，缺少事中、事后与跟踪等几个阶段评估。对不同的项目还缺少分类评估，往往一个评估小组同时评价几种类型的项目，评审项目多、时间紧，效果欠佳。

(3) 科技评估缺乏有效的法律保障。虽然已制定了一些法律或者规定，如科技部委托国家科技评估中心制定了《科技评估管理暂行办法》和《科技评估、科技项目招投标工作资质认定暂行办法》等，但还不够完善。

(4) 评估（价）的透明度不足。开展对重大项目的公示制度是提高评价透明度、防止偏离评价目标的重要措施，但我国目前还没有推行这一做法。虽然评估中心（生产力促进中心）为增强了评价的公正性采取了许多措施，但评估还未做到完全透明，评估结果未能及时分布于众。

(5) 科技评估机构人员的素质还有待提高，还需要经过专门的培训。许多评估机构还存在人员专业素质、职业道德方面的培养、训练等问题。

任务与思考

1. 创新促进行业项目管理共分为哪几个阶段？
2. 对工业设计的内涵进行分析。
3. 以实际创新创业项目为例，统筹分析项目管理的全过程。

第四章　创新创业教育实践

章节概要

本章学习的目标是使学生形成对创业、创业者的理性认知。了解在创新创业前需要准备哪些工作，而不是盲目地去创业。了解大学生创业的主要模式、创业者应该具备的基本素质，认识创业团队的重要性，掌握组建和管理创业团队的基本原则。学习企业创建形式、基本流程及登记注册的全过程，使学生对未来创业有一定的了解。

第一节　创新创业的前期准备工作

2014年9月，在夏季达沃斯论坛上，时任总理李克强提出了"大众创业、万众创新"的时代最强音，960万平方公里的土地上掀起了"大众创业""草根创业"等新一波创业浪潮，形成"万众创新""人人创新"的新势态。此后，李克强总理在当年的《政府工作报告》、国务院常务会议等重要场合频频提出这一关键词。2018年，国务院下发《关于推动创新创业高质量发展打造"双创"升级版的意见》，创新创业被提高到了一个前所未有的高度，成为我国长期发展的战略性国策。对于大学生来说，处于这样一个创新创业的时代中，该如何去承担时代赋予我们的重任？在创新创业之前又要做好哪些准备呢？

一、创业前需要了解的定律

在创新创业的时代背景下，很多大学生往往都是凭借一腔热血就急于创业，忽略了创业前期需要准备的工作，致使最终创业失败。首先，创业者必须做好充分的准备，这些准备包含强烈的创业动机需求、创业心理素质的准备等，创业者需要认清自己是否适合创业，是否具备创业的决心与毅力，并且是否可以承受创业的失败与风险；其次，创业者要做好创业资源（知识、技能、人脉等方面）的准备，从资金入账到人脉积累，尤其是做好高新技术领域的技术层面准备工作；最后，还要对有市场敏锐的判断和正确的认知。创业者不要盲目跟风，要在个人积累准备充分的前提下，正确清晰地认知市场，以便更好地助力创业。

（一）强烈的动机需求

翻开历史的长卷，不难发现大多数企业家、创业者在创业之初都怀有强烈的愿望，逐步走向创业的道路。也许一开始只是小打小闹，也没有太多的实践经验，但是随着日积月累，坚信"创业是致富的唯一途径"，虽历经千辛万苦，仍不忘初心，坚定地迈出自己的步伐，实现走向人生成功的目标。

（二）创新思维的培养

创业既不是一蹴而就，也不是毕其功于一役的简单事情。不是所有人都适合去创业，有创业想法的人只有做好相对充足的思想准备与知识技能储备，才有可能开创出自己的一片天地。用创新创业的思维开展创业实践，才能更好地激发创造力，创造价值。创业者在创业的思维方式、认知风格及对待新鲜事物的态度上存在明显差异。因此，创业者在创业之前，应该培养自己的创新创业意识及思维。创业思维可以通过学校的创新创业教育来实现，也可以通过阅读相关的创业书籍、观看创业者访谈、与创业者进行面对面的交流等来实现。

（三）创业技能的积累

没有天生的企业家，一出生就具备极高商业天赋的人是极少数的，在现今这个创新创业的时代，更多的创业是基于知识经济的创业，是立足于行业的发展，在学习中不断实践而进行的逐步创业。这就更需要大学生在大学阶段不仅要增加自己的实践经验，丰富自己的社会阅历，更要在学习和实践专业知识能力的过程中有创新创业的精神，有承受失败的能力。大学阶段是人创造力最为活跃的时期，大学生对创新充满了渴望和憧憬，他们的思维更为活跃，创新意识强烈，同时所受的束缚相对较少，在信息知识随处可接触的情况下，大学生接受知识的渠道不断拓展，渴望成功、渴望成长的动机更为强烈。另外，大学生由于所处的校园环境，也更容易接触到一些新的发明和学术上的新成果，或者他们中有一部分人在导师的指引下，本身就拥有自主知识产权的科研成果。这一部分人为了能早日实现自己的目标，开始改变自己的观念，尝试创业，将所学用于商业用途。

（四）对市场认知清晰，抓住部分机遇

从市场经济学的原理来看，只有市场存在需要的时候，你的准备才有意义。美团的王兴在创业过程中通过团购网站 Groupon 意识到团购不仅仅是纯粹的电子商务网站，还是电子商务与互联网广告及线下模式的结合体，通过对市场的分析，他仅用两个月就将 Groupon 模式引入中国并创办美团。在 2011 年资本市场风云突变的时候，他果断出手，抓住拉手网上市失败、资金链短缺的机遇，接手其旗下大部分团队及线下渠道，迅速扩大业务，发展壮大。这种对市场的清晰认知，抓住机遇的敏锐目光，无疑是创业者必备的素养。

二、了解大学生创业的主要模式

从大学生创业时间上进行划分，主要把大学生创业模式分为三种：在校创业、休学创业、毕业后创业。下文针对这三种创业模式进行相关特点的分析。

(一) 在校创业模式

在校创业是指大学生在校期间，不放弃或中断自己的学业，利用课余或自由时间从事相关创业活动的创业模式。这种模式在我国大学生创业中占了大多数，主要有以下特点。

1. 创业的规模普遍较小

一般来说，在校创业大学生的创业项目科技含量较低，主要集中于网络营销、线下文创、饮食等领域，对专业领域知识的需求不高。这一方面是由我国大学生创业的整体现状决定的，另一方面是因为大学生的市场区域相对较为狭窄，主要集中于校园区域范围内，市场的容量和广度不足，成本控制意识较高，更倾向于低风险、劳动密集型的产业，创业的规模与利润营收并不是很可观，也难以扩大生产规模。

2. 创业压力相对较小

在创新创业的时代背景下，国家、省、市及地方高校纷纷建立起创客空间、大学生创业基地等创业项目孵化载体，高校通过免房租、免管理费、免水电费等巨大的优惠政策来鼓励大学生创业。创业大学生可以就近在学校解决食宿问题、场地问题等，这就大大降低了他们的创业试错成本，创业的压力相对较小。

3. 创业与学业普遍难以兼顾

大学生在校创业普遍遇见的问题为时间和精力分配上的矛盾。看似创业和学业都能兼顾，但是在实际的操作上基本很难实现。大多数的创业学子在开拓市场到处奔波的同时，无疑增加了学业上的难度和负担，导致学业上有短板的现象存在。既想通过创业筹集学费、提升实践能力，又想通过学习增加知识储备，这就要求大学生对学习和创业时间与精力的安排必须合理，否则必将一事无成。

(二) 休学创业模式

休学创业是指大学生为了从事与创业相关活动而申请休学的一种创业模式。这在我国大学生创业活动中占据的比例很小。休学创业模式主要有以下特点。

1. 协调学业和创业矛盾

休学创业在一定程度上缓解了学业与创业之间的矛盾。在校课程的学习压力较为繁重，暂时性地休学创业，无疑让学生有更多的时间和精力投入创新创业的实践过程中去，这对大学生创业是有极大裨益的。同时，也能够在创业成果步入正轨后，返校完成学业，更有针对性地补充知识技能，为后面的进一步创业储备一定的知识能量。

2. 降低创业风险

大学生休学创业即使失败了，也还可以回到大学继续求学，完成正常的学业，不至于承受太大的失败压力。这样对创业的结果有个缓冲，创业大学生在休学期间通过自己的创业实践有了一定的创业经验，能为以后的发展更有针对性地做出选择。

3. 创业压力增大

大学生休学创业，一般会遭到家人的反对和不理解。休学带来的压力一般会在无形之中对创业者产生心理压力。这就需要创业者能够及时地调整自己的心态，做好家人及周边人的思想工作，以便于创业工作的顺利进行。

4. 项目成果偏低端化

由于休学创业者尚未毕业，投资人对其项目负责人的信任度会大大降低，认为其难以为继，不确定因素较高，而中断从事的创业活动，会给投资人带来无法预估的损失。因此，投资人不太青睐休学创业者。休学创业者的资金就时常面临短缺的窘境，创业项目也因此偏向于低端化、回收利润快、投入成本相对较低的项目。

（三）毕业后创业模式

毕业后创业是指大学生在结束高等教育后，通过自主经营、合伙运营等多种形式从事与创业相关活动的模式。选择该模式的大学生一般是毕业后有明确的目标与强烈的创业动机，大多数出于自我实现或就业的需要。毕业后创业模式一般有以下特点。

1. 有利于提高创业成功率

毕业后创业的大学生，一般目标明确，积累有一定的知识和技能实践经验，较为熟悉即将从事的创业行业及领域。创业者在接受完大学高等教育之后，其自身的专业技能、社会实践能力都有极大提升，可以更明确地选择创业项目，更好地从事相关创业活动。

2. 创业带动就业

以创业带动就业，对社会经济发展和缓解大学生的就业压力有积极的意义。创业者在进行创业活动的同时，也为其他人员提供了就业机会，为社会提供了优质的服务，因而也就提高了就业率，促进了社会的稳定，增进了经济繁荣和发展。可以说，创业是国家经济可持续发展的原动力。当下，鼓励创业、以创业带动就业、以创业拉动经济增长、减轻就业压力的思路已成为世界各国的共识。

3. 项目成熟度相对较高

大学生毕业后创业，利用自有知识产权技术创业的可能性大大增加，创业的平均技术含量也相对较高，对于相关技术产业领域的技术发展也在一定程度上起到积极的推动作用，这就提高了创业企业利用先进技术的可能性。因此，创业项目的成熟度也相对较高。

第二节 创业者的素质与创业成功者的主要特质

一、创新创业意识与精神

创新创业意识是指人类在生产生活的过程中，根据社会和个体发展的需要，进行的创造新事物、革新观念、改进技术等创新性的活动。它在创造性生产生活中表现出的意向、意愿和设想一般都呈现出积极的、富有成果的形式，也是促使人们积极探求新奇事物的心理倾向。在经济全球化、共同构建人类命运共同体的当下，创业者的创新创业意识和精神在创新性生产生活的过程中发挥着越来越重要的作用。这种创新创业意识的形成是一个长期的、逐步的过程，它能够把潜在的创新创业行为意向，转化为一种创业的冲动、创业的激情，再内化为创业动机和创新创业精神，促使创业者在创新创业生产生活的过程中，不断拼搏和努力。

创新创业精神一般是指人类在生产生活的过程中，根据社会和个体发展需要进行创造新事物、革新观念、改进技术等创新性活动时在主观世界中表现出来的品质（含开创性思维、创新思维和观念、个性和意志等）。创新创业精神是企业创业精神的核心，是创业者在从事生产生活过程中，通过创新的手段或是创新理念对资源、信息等进行有效利用，为市场创造出新的价值的精神。同时，这也需要创业者具有高度的责任心、使命感，具有"回馈社会"的思想意识。

参考案例 4-1

二、创业者的心理素质

心理素质是人的整体素质的组成部分，是以自然素质为基础，在后天环境、教育、实践活动等因素的影响下逐步发生、发展起来的。心理素质是先天和后天的结合，是情绪内核的外在表现。全国心理健康教育十佳专家之一肖汉仕教授认为：心理素质是在遗传基础之上，在教育与环境的双重影响下，经过主体实践训练所形成的性格品质与心理能力的综合体现。其中的心理能力包括认知能力、心理适应能力与内在动力。它对内影响着主体的心理健康状况，对外与其他素质一起共同影响主体的行为表现。可以说，一个人的心理素质是在长期的社会生活中形成的，是思想、行为、知识、经历在人身上的综合表现，是一种较为稳定的心理特征。

在创业过程中，大学生良好而稳定的心理素质可以说是创业成功的重要法宝之一。在创业过程中，大学生会面临各种各样的问题和矛盾，面临不同的困难和挑战，这就需要大学生创业者具备良好的心理素质，能够以积极乐观的心态去面对不同的困难和挑战。创业者的心理素质一般包括心理承受能力、受挫修复能力、抗压能力、积极乐观的心态、坚强的意志等。大学生创业者只有具备良好的心理素质，才有可能在未来的创业道路上披荆斩棘，取得成功。

（一）健全的人格

健全的人格最简单的定义就是人格的正常与和谐发展。心理学对于健全人格的相关特征有学术角度的定义，认为可以从五个维度来判断一个人的人格是否健全、心理是否健康，即性格（内、外倾）、人格品质（善、恶）、责任感、情绪稳定性、思维开放性。

健全人格是一个相对的概念。它的反面是不健全人格。当一个人的人格发展出现了偏离或障碍时，就需要对之加以纠正和解决。这个过程就是人格的健全过程。健全人格的培养过程，就是促进人的个性特征全面发展以达到人格发展的正常状态的过程。

健全的人格能够更好地帮助大学生积极释放自己的正能量，使其正确地认识自己，坦率地接受自己的不足和局限，并对未来有积极、乐观、向上的态度。在创业过程中，创业者能够用轻松愉悦的心态接纳自己，能够正确地找出自己的优势，树立信心，避免骄傲自大，能了解自己的缺点、弱点，扬长避短，发挥自身的优势，不断弥补自身的弱势。这样，在自我悦纳的基础上，接纳他人会变得容易，这是与人合作、与人相处的重要前提。

（二）和谐的人际关系

学会尊重他人、尊重自己，对不同的人际交往表现出合适的态度，既不狂妄自大，也不妄自菲薄。大学生在创业道路上，必须摒弃"同行是冤家"的狭隘观念，学会合作。通过语言、文字等多种形式与周围的人们进行有效的交流与沟通，可以提高办事效率，增加成功的机会。在创业过程中，创业者需要与客户打交道，与公众媒体打交道，与外界销售商打交道，与企业内部员工打交道，这些交往、沟通，可以排除障碍、化解矛盾、降低工作难度、增加信任度，有助于创业的发展。通过这种和谐的人际交往关系，创业者能够更好地得到各行各业人士的帮助与指导，事半功倍。

（三）抗压与受挫恢复力

创业路上无坦途，在创业过程中，遇见困难与挫折是家常便饭。经营处于低潮怎么办？客户纠纷怎么处理？员工工作不称职怎么办？工商税务怎么对付？现金流中断怎么办？遇见突发事件怎么办？这一切问题都会让创业者产生压力感和挫折感，让创业者辗转难眠。同时，创业还面临一定的风险，创业也有可能失败，使辛辛苦苦筹集的资金都打了水漂。这些压力、挫折、风险无时无刻不出现在创业过程中，这就要求创业者拥有较强的心理素质——承担风险及受挫的恢复力超于常人，在创业途中能越挫越勇。

（四）摆正心态，撸起袖子加油干

创业不是口号，是真枪实弹地往前冲。创业者必须要有吃苦的心理准备。创业不同于普通上班，朝九晚五，时间固定，每个星期还有固定的休息日，可对自己进行心理调适。自己创业，意味着没有休息日，没有固定的休息时间，加班变成一种常态。创业者必须什么活都做，重的、轻的、精通的、不熟悉的，都要能胜任。创业的时候，没有了老板的约束，创业者必须克服自身的惰性，学会自己约束自己。只有摆正好心态，才能走得更远、更长久。

（五）拥有积极、乐观、自信的心态

要有积极、乐观、自信的心态，在战略上藐视敌人，在战术上重视敌人。创业也许很顺利，也许是一条艰难和充满风险的道路。但不管怎样，对于一个创业者来说，首先要自信，要相信自己的选择是正确的，相信自己能成功。自信是人生和事业成功的基础，如果创业者对自己的选择一点信心都没有，不如干脆放弃。当然自信不是盲目的自信，而是建立在理性分析基础上的自信。

（六）快速适应环境、善于自我调节的能力

面对市场的变化多端、激烈竞争，创业者能否因客观变化而"动"，灵活地适应变化是创业成功的关键所在。因而，创业者必须以极强的信息意识和对市场走向的敏锐洞察力，瞄准行情，抓住机遇，不失时机地、灵活地进行调整。在外部环境和创业条件变化时，能以变应变；善于进行自我调节，处理各种压力，能用积极态度看待来自工作和生活的压力，冷静分析；能控制压力，找出原因，缓解压力，尽可能消除压力。创业者须具有较强的适应性，做到"胜不骄，败不馁"。失败时，要善于总结和

吸取教训，承认暂时的失败现实，做出适当的调整和"退却"，为将来的"进攻"积蓄力量。在取得一定的成绩和阶段性的成功时，要善于总结，看到存在的问题，明确今后努力的方向，找出保持成功势头和不断发展壮大的经验，避免骄傲自满，做到"善胜者不败"。

（七）控制欲望，克制冲动

在创业过程中，创业者要善于克制，防止冲动。克制是一种积极的、有益的心理品质，它可以使人积极有效地控制和调节自己的情绪，使自己的活动始终在正确的轨道上进行，不因一时的冲动而做出缺乏理智的行为。创业者在创业过程中要自觉接受法律的约束，合法创业、合法经营、依法行事；自觉接受社会公德和职业道德的约束，文明经商、诚实经营、互助互利。当个人利益与法律和社会公德相冲突时，要能克制个人欲望，约束自己的行为。

三、创业者的能力素质

创业是极具挑战的社会活动，在创业过程中，创业的成功和失败在很大程度上取决于创业者的能力和素质。创业是一个不断发现机遇，并由此转化出新产品或是新生产方式的过程，创业者的能力素质也需要在进行创业活动的过程中不断提高，与时俱进。因此，创业能力是在知识不断丰富、技能不断提高和社会实践不断深入的基础上获得的，创业能力与其他能力相比，具有更强的综合性、创新性。

创业者的能力是指影响创业活动、促使创业活动更加顺畅进行的各项综合能力，具有很强的社会实践性，是创业者应当具备的核心素质，包含广泛的学习能力、突出的创新能力、敏锐的市场洞察能力、领导力与决策力等。

（一）广泛的学习能力

20世纪90年代以来，知识经济初露端倪。在知识经济大发展，竞争日益激烈的当下，知识更新的速度越来越快，学习的渠道越来越宽广。掌握知识和快速更新知识也就成为创新创业者的基本能力素质。且在当下，单一的知识技能完全满足不了创业的需要，一专多强的综合能力素质已成为当下创业者克服困难，迎接挑战的重要能力。

1. 较强的专业知识

创新创业的能力立足于专业，专创融合发展是当下创新创业教育的一个主流趋势。鼓励和倡导大学生创新创业不是盲目地跟风，而是要求大学生立足于专业、行业，在大学期间能够更好更快地积累基础的专业能力，充实专业知识，正确地分析行业趋势，选择有利的创业赛道和领域，并深耕其中。创业并不是一味地投入而不知道其中的基本原理，这样会丧失对创业行业领域的全局把握。较强的专业知识有利于创业者确定自己的创业目标，把握创业行业的未来发展方向，发现创业过程中的专业问题，并用专业知识去解决创业问题，实现自己的创业目标。

2. 深厚的管理知识储备

要运用好现代管理方法，领导者的素质是前提。现代管理知识的储备会更好地帮助创业者在管理企业的过程中解决管理方面的问题。（在小微初创型企业中，用什么样的管理方法去有效解决员工间、上下级间的问题,来更好地提升企业的管理效能。在中大型企业管理中如何运用管理知识去解决企业部门之间、架构上、人事组织管理上的问题,提高部门协作发展的能力。)作为大学生创业者,如果不在前期积累足够的管理知识,则无法在竞争日益激烈的市场上正常完成自己的创业计划、管理好自己的创业团队或企业。这要求大学生创业者不能仅凭自己的经验知识和直觉去管理团队或企业,必须用有效的管理知识来武装自己的头脑,指导经营活动,实现科学用人、科学管理,创造更多的财富。只有重视管理知识的积累,才能更好地实现创业目标。

3. 财税及金融相关商业知识

财税相关知识帮助创业者有效、合理地运用和调配资金来创造、获得更多利润。财税相关知识不仅涉及会计、审计、市场营销、国际贸易等方面的知识,还涉及货币种类、税收种类、税收征管等方面的知识。金融方面的知识主要涉及货币发行与回笼、存款、利率、贷款、结算等。掌握财税、金融等方面的知识,能够更好地帮助大学生创业者熟悉与掌握公司企业的运作及资金配备情况,更好地面对创业初期的困难和挑战。

4. 一定的法律知识

了解法律知识,尤其是了解与创业相关的法律知识与常识,是对创业者基本的要求。从事创业经营活动的第一步就是要去市场监督管理局登记注册企业,办理相关手续,领取营业执照。如果是从事特定行业的经营活动,必须到相关主管部门办理批准文件。同时,大学生创业者也要了解当地创业的相关知识,包括创业补贴、知识产权以及当地创业方面的规章制度,以便在合理、合法、合规的前提下开展创业,避免不必要的创业风险,为企业保驾助航。

5. 社交礼仪知识

中华民族是礼仪之邦,社交礼仪在创业活动中显得尤为重要。社交活动可以沟通心灵,建立深厚的友谊,获取支持与帮助,共享信息、资源,对取得成功大有裨益。大学生创业者如果能够更好地掌握社交礼仪的技巧和知识,就在无形之中拥有了一张人际交往的名片。这些知识往往能够使创业者取得同伴的信任,与他人成功合作。

综上所述,大学生创业者需要的创业知识是广泛且繁杂的。因此,作为一名大学生创业者,必须拥有学习大量知识的能力,这就要求大学生要有广泛的兴趣爱好、良好的学习习惯、科学的学习方法和刻苦的学习精神。只有这样,大学生创业者在面对繁多的创业知识时,才能有耐心、有信心、有准备地朝着既定目标前行。

(二)突出的创新能力

2015年3月13日,中共中央、国务院发布《关于深化体制机制改革加快实施创新驱动发展战略的若干意见》,这是一个非常重要的国家级文件,该文件明确提及创新创业是推动一个国家和民族向前发展的重要力量,也是推动整个人类社会向前发展的重要力量。面对全球新一轮科技革命与产业革命的重大机遇和挑战,面对经济发展新常态下的趋势变化和特点,面对实现"两个一百年"奋斗目标的历史任务和要求,必须深化体制机制改革,加快实施创新驱动发展战略。在这样一个以创新创业为主题的时代背景下，有突出的创新创业实践能力是大学生创业者必备的一项基本能力。一般来说，大学生创业者可以从以下几方面进行创新。

1. 发展战略创新

发展战略创新是指随着时代的变化，外部环境、内部环境发生了重大变化，在外部环境或者内部环境发生重大变化的同时，创业者能够见微知著，与时俱进，时刻根据内外部的环境变化调整或重新制定发展战略。这就要求创业者进行创业战略变革或者是制定更高水平的战略方针，从而实现创业目标。

2. 产品创新

产品是一个企业的生命线。创业者必须不断地改善与创造新的产品，进一步满足顾客需求或是开辟新的市场。产品创新一般包括自主创新和合作创新两种方式。自主创新主要是企业通过自身的探索和努力实现技术的突破，攻克技术难关，达到目标，而不是依赖对外有技术的被动购买和使用。合作创新是指企业、高校、科研机构之间的联合创新行为。当下，随着技术竞争的不断加剧，企业技术创新活动面对的技术问题越来越复杂，技术的综合性和集群性要求越来越高，单一地依靠自身取得技术更新的困难越来越大。合作创新已成为一种新趋势，通过外部资源的内部化，实现资源共享和优势互补，有助于攻克难关、缩短创新时间、增强企业竞争地位。

3. 技术创新

技术创新是企业发展的源泉，是竞争成功的决定性力量。技术创新不仅指商业性应用技术的创新，还可以是创新性应用的合法使用和取得、其他新技术的使用或者是微创新、已进入公有领域的技术的普及。例如，瑞鹰纺织科技通过技术创新，不间断地掀起"环保革命"，助力印染助剂企业成为行业中"专精特新的企业"；沃尔玛通过率先使用条形码（UPC）技术，使收银员工作效率提高了50%，并极大降低了经营成本。

4. 组织制度创新

组织与制度创新主要有三种：一是以组织结构为重点的变革与创新，如重新划分或合并部门、组织流程改造、改变岗位及岗位职责、调整管理幅度等，例如小微企业简单地由直线职能制度向中大型企业复杂的管理架构转变。二是以人为重点的变革和创新，即改变员工的观念和态度，包括知识的更新、态度的变革、个人行为乃至整个群体行为的变革等。三是以任务和技术为重点的创新，即对任务重新组合分配，并通过更新设备、技术创新等来达到组织创新的目的。

5. 管理创新

没有最完美的管理方法、管理模式，只有最合适的。例如，Intel公司的总裁Andrew Grove根据环境和被管理者的情况进行改变，实行以产出为导向的管理——产出不限于工程师和工人，也适用于管理人员，工作人员不只对上司负责，也对同事负责；打破障碍，培养主管与员工的和谐关系等。

6. 文化创新

文化是一个企业的灵魂，企业文化的创新也必须紧跟时代的潮流，使企业能够时刻充满动态的活力、生机，能够更好地凝聚企业力量，团结企业员工。这种文化创新不仅可以维系企业的良性发展，更可以给企业带来新的历史使命和时代意义。

（三）敏锐的市场洞察能力

市场洞察力是指通过观察市场现象深入了解事物背后隐藏的问题本质的能力，是人通过表面现象精确判断出背后本质的能力，掺杂了分析和判断，是一种综合能力。市场营销的核心要素之一就是洞察社会需求的能力，它伴随着整个营销过程。

"洞察"的本质是一种思维方式。所谓"洞察"，就是在设计营销4P（产品、渠道、价格、广告）的时候，必须站在目标消费者群体的角度去思考问题：他们是什么样的人？他们具有什么样的性格？他们喜欢什么？他们厌恶什么？他们的行为和真实意图是什么？他们的行为习惯是什么？他们的社会阶层和财富地位是怎样的？他们喜欢什么样的产品？他们接受讯息的方式是什么？他们的购物习惯是什么？他们愿意接受的价格是什么？他们喜欢的广告和创意是什么？他们的文化认知是什么？他们有什么理由要购买我们的产品？当一个营销者在进行市场调研、市场定位、产品设计、渠道设计、广告创意的时候，应该在脑海中不断提出上面那些问题。洞察行为贯穿于整个市场营销活动，任何一个环节如若丢失了"洞察"，那么整个营销活动就会失去客观性，不可避免地陷入"自嗨"状态。

在市场调查阶段，"洞察"的作用是帮助创业者明确市场调查的目标。"洞察"的思维，可以帮助创业者用更高维度和更细致的内涵去分类社会群体，比如从性格、喜好、价值观等维度，而不仅仅是根据职业、年龄这类低效信息维度去划分。

"洞察"的思维可以帮助创业者更准确地进行产品营销定位。现如今，大多数企业所讲的定位，都是企业通过自己的主观理解和想象做出的定位，在市场上并没有满足任何目标消费群体的需求，无法和任何特定客户群体产生互动。而"洞察"思维的意义，就是帮助创业者在定位前，理解各个目标群体的性格和需求，进行真正有效的定位。

"洞察"思维能尽量减少企业内部生产和外部需求失衡的情况。企业设计产品和服务方案，不仅要根据自身技术水平、利润和成本去考虑，更要考虑目标消费者的喜好和价值观。有时企业自认为的产品卖点和优势也许在消费者的眼里一文不值，而消费者购买产品的理由，也许企业根本没有考虑过。这就是企业与消费者之间的信息失衡。

"洞察"思维能帮助创业者制定合适的产品价格，选择合适的销售渠道。创业者需要通过"洞察"能力去判断目标消费者的购买力、购买习惯、购买喜好等信息，从而建立和设计企业的定价策略与铺货渠道。

在产品营销信息传播阶段，所谓的洞察就是"找对人，并且说出他们想说的话"。当一则广告或者一个活动，能精准地向目标消费者说出让他们"感同身受"的话时，那这次传播就是成功有效的。

总而言之，洞察能力的核心可以归纳为两句话：（1）站在对方的角度想问题。（2）看到营销问题的商业交换本质。

（四）领导力与决策力

所谓领导力就是指在限定的管辖范围内充分利用人力、物力等资源，以最小成本或最便捷的方式达到预期，提高整个团队办事效率的能力；所谓决策力就是指识别和理解问题与机遇，比较不同来源数据得出结论，运用有效的方法选择行动方针或发展适当方法，采取行动来应对现有情况的能力。这两项能力的高低在创业初期直接决定了创业成功率的高低，具体可以细化为以下几个方面。

1. 决断能力

决断能力即创业者从诸多的方案中选取最合适、最满意方案的能力，以及在危急时刻或者紧要关头当机立断的能力。这种能力是创业者进行科学决策的关键能力，一旦发生方针性的选择错误或是关键时刻犹豫不决，就会给企业造成重大的损失或是与成功失之交臂。

2. 开放提炼能力

开放提炼能力是指创业者用开放的态度，接受各方资源信息并迅速提炼出解决问题最佳方案的能力。这不仅意味着创业者需要以开放、包容的思想态度尽可能地获取广泛的解决方案，还意味着创业者要精准地对各种解决方案进行提炼，以把握各种方案的本质和核心，正确评估每个方案的条件和效果，分析预测各个方案实施后可能会遇到的情况及后续发展。

3. 合作交流能力

合作交流能力指的是协调合作和人际沟通交往的能力，主要是指能够妥善处理与社会公众（政府、媒体、客户等）、内部部门、员工之间关系的能力，以及团结个人或群体为了未来共同目标彼此相互配合的能力。在创业初期，创业者可以依靠自己的力量来管理、操作自己的创业活动。但是，随着企业活动不断深入开展，创业团队不断扩大，业务内容不断增加，创业者就需要具备与他人沟通、交流、合作的能力，这将会大大降低时间与精力成本，凝聚有能力、有技术、有才华的人才，在业务上获得更多的合作伙伴，不断壮大自己的企业。

4. 资源整合能力

资源整合能力是企业战略调整的手段，也是企业经营管理的日常活动。整合就是优化资源，将客观的可利用的人力、物力、财力等进行整合，获得整体的最优配置。对于大学生创业者来说，资源整合能力是成功的关键。随着社会经济的不断发展，市场竞争愈发激烈，创业团队想要在未来的市场中立于不败之地，保持创业企业平稳向前发展，最根本的就是要通过一定的资源整合，加快创新步伐，不断提高企业的创新管理水平和产品技术水平，增强企业适应市场竞争的能力，创造更多的价值。

第三节 优秀创业团队的建设

一、创业团队的类型及比较

（一）创业团队的构成

创业团队是指在进行创业活动过程中，由一群才能互补、知识结构分布均衡、责任共担、愿为共同的创业目标而奋斗的人组成的特殊群体。一般组建团队，需要考虑以下几个方面。

1. 目标

目标是创业团队能够组建起来的重要因素，为什么要凝聚在一起？希望通过整个团队的协作达到什么样的目标？目标能够指引团队前进的方向。

2. 人员

人是一个创业团队的核心，无论做什么，人永远是第一要素，计划最终还是要靠人去实现。发挥人的主观能动性，最大限度地促进团队的协作，这将决定企业在市场中的命运。

3. 责任与职权分配

每个人在团队中都承担不一样的责任，通过团队中人员角色的分配，确定其相应的责任与权限、在团队中的工作范围和在其范围内的工作要求。

4. 计划

在确定了团队的责任与职权分配以后，就需要将这些职责和权限具体分配给团队成员，这必须通过计划来实施，用计划指导各个团队成员做什么、怎么做。

（二）创业团队的类型

1. 星状创业团队

这种类型的团队中都有一个核心主导人物（core leader），充当领军的角色。这种团队在形成之前，一般是 core leader 有了创业的想法，然后根据自己的设想进行创业团队的组织。因此，在团队形成之前，core leader 已经就团队组成进行过仔细思考，根据自己的想法选择相应人物加入团队，这些加入创业团队的成员也许是 core leader 以前熟悉的人，也有可能是不熟悉的人，但其他团队成员在企业中更多时候是支持者角色（supporter）。

2. 网状创业团队

这种类型的团队一般在创业之前团队成员之间都有密切的关系，比如同学、亲戚、同事、朋友等。他们通常是在交往过程中共同认可某一创业想法，并就创业达成了共识以后，开始共同创业的。

3. 虚拟星状团队

虚拟星状创业团队由网状创业团队演化而来。基本上是前两种创业团队的中间形态。在团队中有一个核心成员，但是该核心成员地位的确立是团队成员协商的结果，因此，该核心成员在某种意义上可以说是整个团队的代言人，而不是主导型人物，其在团队中的行为必须充分考虑其他团队成员的意见。不同创业类型团队的比较如表4.1所示。

表4.1 不同创业类型团队对比

类型	概念	优点	缺点
星状创业团队	有一个核心主导人物充当领军人的角色	① 决策程序简单 ② 效率较高 ③ 组织结构紧密 ④ 稳定性较好	① 权力过度集中 ② 意见不一，团队成员易分散 ③ 决策失误易导致较大损失
网状创业团队	由志趣相投的伙伴组成，共同认可某一创业想法，共同进行创业	① 成员地位平等 ② 利于沟通交流 ③ 成员关系较为紧密 ④ 容易达成共识 ⑤ 一般不会轻易离开	① 结构较为松散 ② 决策效率低下 ③ 团队容易涣散 ④ 容易形成多头领导局面
虚拟星状创业团队	有一个核心成员，但是核心成员的地位是团队协商的结果	① 核心成员有一定权威 ② 民主集中，不过度，不分散	① 权威性不足，需考虑多方面因素 ② 效率一般，顾虑多，决策结果须多方均衡

二、组建创业团队的基本原则

（一）共同的创业理念

共同的创业理念要求团队成员拥有相近的价值观，有一个长期且稳定的创业理念。在创业发展的过程中，团队成员之间可能有争执、有冲突矛盾，成员数量也有可能因此会不断变化，但是当团队稳定下来之后，留下来的团队成员会对创业的理念和目标更加坚定且一致。

（二）目标明确合理原则

阶段性目标及长远计划目标必须明确，这样才能使团队成员清楚地认识到共同的奋斗方向是什么。与此同时，目标也必须是合理的、切实可行的，这样才能真正达到激励的目的。

（三）团队成员互补原则

创业者之所以寻求团队合作，其目的就在于弥补创业目标与自身能力间的差距。只有当团队成员相互间在知识、技能、经验等方面实现互补时，才有可能通过相互协作发挥出"1+1>2"的协同效应。

（四）精简高效原则

为了减少创业期的运作成本、最大比例地分享成果，创业团队人员的构成应在保证企业能高效运作的前提下尽量精简。

（五）动态开放原则

创业过程是一个充满了不确定性的过程，团队中可能因为能力、观念等多种原因不断有人离开，同时也有人要求加入。因此，在组建创业团队时，应注意保持团队的动态性和开放性，使真正完美匹配的人员能被吸纳到创业团队中来。

三、组建创业团队的主要影响因素

创业团队的组建受多种因素的影响，这些因素相互作用，共同影响着团队的组建过程并进一步影响着团队建成后的运行效率。

（一）创业者

创业者的能力和思想意识从根本上决定了是否要组建创业团队、团队组建的时间表以及由哪些人组成团队。创业者只有在意识到组建团队可以弥补自身能力与创业目标之间存在的差距时，才有可能考虑是否需要组建创业团队，以及对什么时候需要引进什么样的人员能和自己形成互补做出准确判断。

（二）商机

不同类型的商机需要不同类型的创业团队。创业者应根据创业者与商机间的匹配程度，决定是否要组建团队以及何时、如何组建团队。

1. 团队目标与价值观

共同的价值观、统一的目标是组建创业团队的前提，团队成员若不认可团队目标，就不可能全心全意为此目标的实现而与其他团队成员相互合作、共同奋斗。而不同的价值观将直接导致团队成员在创业过程中脱离团队，进而削弱创业团队作用的发挥。没有一致的目标和共同的价值观，创业团队即使组建起来，也无法有效发挥协同作用。

2. 团队成员

团队成员的能力总和决定了创业团队的整体能力和发展潜力。创业团队成员的才能互补是组建创业团队的必要条件。而团队成员间的互信是形成团队的基础。互信的缺乏，将直接导致团队成员间出现协作障碍。

3. 外部环境

创业团队的生存和发展直接受到制度性环境、基础设施服务、经济环境、社会环境、市场环境、资源环境等多种外部要素的影响。这些外部环境要素从宏观上间接地影响着对创业团队组建类型的需求。

四、创业团队的组建程序及其主要工作

创业团队的组建是一个相当复杂的过程，不同类型的创业项目所需的团队不一样，创建步骤也不完全相同。概括来讲，大致的组建程序如下所述。

（一）明确创业目标

创业团队的总目标就是要通过完成创业阶段的技术、市场、规划、组织、管理等各项工作，实现企业的从无到有、从起步到成熟。总目标确定之后，为了推动团队最终实现创业目标，要将总目标加以分解，设定若干可行的、阶段性的子目标。

（二）制定创业计划

在确定了总目标及一个个阶段性子目标之后，紧接着就要研究如何实现这些目标，这就需要制订周密的创业计划。创业计划是在对创业目标进行具体分解的基础上，以团队为整体来考虑的计划，创业计划确定了在不同的创业阶段需要完成的阶段

性任务，通过逐步实现这些阶段性任务来最终实现创业目标。

（三）招募合适的人员

招募合适的人员也是创业团队组建最关键的一步。关于创业团队成员的招募，主要应考虑两个方面：其一，互补性，即考虑其能否与其他成员在能力或技术上形成互补。这种互补性的形成既有助于强化团队成员间彼此的合作，又能保证整个团队的战斗力，更好地发挥团队的作用。一般而言，创业团队至少需要管理、技术和营销三个方面的人才。只有这三个方面的人才形成良好的沟通协作关系后，创业团队才可能稳定高效地运行。其二，规模适度。适度的团队规模是保证团队高效运转的重要条件。团队成员太少无法实现团队的功能和优势，而太多又可能会产生交流障碍，团队很可能会分裂成许多较小的团体，进而大大削弱团队的凝聚力。一般认为，创业团队的规模控制在 2~12 人最佳。

（四）职权划分

为了保证团队成员认真执行创业计划，顺利开展各项工作，必须预先在团队内部进行职权的划分。创业团队的职权划分就是根据执行创业计划的需要，具体确定每个团队成员所要担负的职责以及相应所享有的权限。团队成员间职权的划分必须明确，既要避免职权的重叠和交叉，也要避免无人承担造成工作上的疏漏。此外，由于还处于创业过程中，面临的创业环境又是动态复杂的，会不断出现新的问题，团队成员也可能不断更换，因此创业团队成员的职权也应根据需要不断地进行调整。

（五）构建创业团队制度体系

创业团队制度体系体现了创业团队对成员的控制和激励能力，主要包括团队的各种约束制度和激励制度。一方面，创业团队通过各种制度（主要包括纪律条例、组织条例、财务条例、保密条例等）对团队成员的行为进行有效的约束，保证团队的稳定秩序。另一方面，创业团队要实现高效运作需要有效的激励机制（主要包括利益分配方案、奖惩制度、考核标准、激励措施等），使团队成员看到随着创业目标的实现，其自身利益将会得到怎样的实现，从而达到充分调动成员的积极性、最大限度发挥团队成员作用的目的。要实现有效的激励首先必须把成员的收益模式界定清楚，尤其是关于股权、奖惩等与团队成员利益密切相关的事宜。需要注意的是，创业团队的制度体系应以规范化的书面形式确定下来，以免带来不必要的混乱。

（六）团队的调整融合

完美组合的创业团队并非创业一开始就能建立起来的，很多时候是在企业创立一定时间以后随着企业的发展逐步形成的。随着团队的运作，团队组建时在人员匹配、制度设计、职权划分等方面的不合理之处会逐渐显露出来，这时就需要对团队进行调整融合。由于问题的暴露需要一个过程，因此团队调整融合也应是一个动态持续的过程。在完成了前面的工作步骤之后，应专门针对运行中出现的问题不断地对前面的步骤进行调整，直至满足实践需要为止。在进行团队调整融合的过程中，最为重要的是要保证团队成员间经常进行有效的沟通与协调，培养、强化团队精神，提升团队士气。

第四节 企业组织形式的选择

创业者具备了创业的素质和能力，发现了创业机会，就要开始着手准备创建企业。而在创建企业之前必须对我国法律规定的企业组织形式进行了解和掌握，这样在注册企业之前就可以规避不必要的风险，注册一家符合自身现状并有利于将来发展的企业组织形式。

一、新企业的法律组织形式

根据国务院《外国企业或者个人在中国境内设立合伙企业管理办法》（国务院令第567号）和国家工商行政管理总局《外商投资合伙企业登记管理规定》（工商总局令第47号），对1998年发布的《关于划分企业登记注册类型的规定》（国统字〔1998〕200号）做如下调整（表4.2）：

（一）在第二条的"港、澳、台商投资企业"下增加"其他港、澳、台商投资企业"；在《企业登记注册类型与代码》的"200 港、澳、台商投资企业"下，增加"290 其他港、澳、台商投资企业"；增加相关的解释。

（二）在第二条的"外商投资企业"下增加"其他外商投资企业"；在《企业登记注册类型与代码》的"300 外商投资企业"下，增加"390 其他外商投资企业"；增加相关的解释。

表 4.2 企业工商登记注册类型及代码

代码	企业登记注册类型	企业登记注册类型说明
100	内资企业	
110	国有企业	企业全部资产归国家所有，并按《中华人民共和国企业法人登记管理条例》规定登记注册的非公司制的经济组织。不包括有限责任公司中的国有独资公司。
120	集体企业	企业资产归集体所有，并按《中华人民共和国企业法人登记管理条例》规定登记注册的经济组织。
130	股份合作企业	以合作制为基础，由企业职工共同出资入股，吸收一定比例的社会资产投资组建，实行自主经营，自负盈亏，共同劳动，民主管理，按劳分配与按股分红相结合的一种集体经济组织。
140	联营企业	两个及两个以上相同或不同所有制性质的企业法人或事业单位法人，按自愿、平等、互利的原则，共同投资组成的经济组织。
141	国有联营企业	
142	集体联营企业	
143	国有与集体联营企业	
149	其他联营企业	

续表

代码	企业登记注册类型	企业登记注册类型说明
150	有限责任公司	根据《中华人民共和国公司登记管理条例》规定登记注册，由两个以上、五十个以下的股东共同出资，每个股东以其所认缴的出资额对公司承担有限责任，公司以其全部资产对其债务承担责任的经济组织。
151	国有独资公司	国家授权的投资机构或者国家授权的部门单独投资设立的有限责任公司。
159	其他有限责任公司	国有独资公司以外的其他有限责任公司。
160	股份有限公司	根据《中华人民共和国公司登记管理条例》规定登记注册，其全部注册资本由等额股份构成并通过发行股票筹集资本，股东以其认购的股份对公司承担有限责任，公司以其全部资产对其债务承担责任的经济组织。
170	私营企业	由自然人投资设立或由自然人控股，以雇佣劳动为基础的营利性经济组织。包括按照《公司法》《合伙企业法》《私营企业暂行条例》规定登记注册的私营有限责任公司、私营股份有限公司、私营合伙企业和私营独资企业。
171	私营独资企业	按《私营企业暂行条例》的规定，由一名自然人投资经营，以雇佣劳动为基础，投资者对企业债务承担无限责任的企业。
172	私营合伙企业	按《合伙企业法》或《私营企业暂行条例》的规定，由两个以上自然人按照协议共同投资、共同经营、共负盈亏，以雇佣劳动为基础，对债务承担无限责任的企业。
173	私营有限责任公司	按《公司法》《私营企业暂行条例》的规定，由两个以上自然人投资或由单个自然人控股的有限责任公司。
174	私营股份有限公司	按《公司法》的规定，由五个以上自然人投资，或由单个自然人控股的股份有限公司。
190	其他企业	上述单位之外的其他内资经济组织。
200	港、澳、台商投资企业	
210	合资经营企业（港或澳、台资）	港、澳、台地区投资者与内地企业依照《中华人民共和国中外合资经营企业法》及有关法律的规定，按合同规定的比例投资设立、分享利润和分担风险的企业。
220	合作经营企业（港或澳、台资）	港、澳、台地区投资者与内地企业依照《中华人民共和国中外合作经营企业法》及有关法律的规定，依照合作合同的约定进行投资或提供条件设立、分配利润和分担风险的企业。
230	港、澳、台商独资经营企业	依照《中华人民共和国外资企业法》及有关法律的规定，在内地由港、澳、台地区投资者全额投资设立的企业。
240	港、澳、台商投资股份有限公司	根据国家有关规定，经外经贸部依法批准设立，其中港、澳、台商的股本占公司注册资本的比例达25%以上的股份有限公司。凡其中港、澳、台商的股本占公司注册资本的比例小于25%的，属于内资企业中的股份有限公司。

续表

代码	企业登记注册类型	企业登记注册类型说明
290	其他港、澳、台商投资企业	在中国境内参照《外国企业或个人在中国境内设立合伙企业管理办法》和《外商投资合伙企业登记管理规定》，依法设立的港、澳、台商投资合伙企业等。
300	外商投资企业	
310	中外合资经营企业	外国企业或外国人与中国内地企业依照《中华人民共和国中外合资经营企业法》及有关法律的规定，按合同规定的比例投资设立、分享利润和分担风险的企业。
320	中外合作经营企业	外国企业或外国人与中国内地企业依照《中华人民共和国中外合作经营企业法》及有关法律的规定，依照合作合同的约定进行投资或提供条件设立、分配利润和分担风险的企业。
330	外资企业	依照《中华人民共和国外资企业法》及有关法律的规定，在中国内地由外国投资者全额投资设立的企业。
340	外商投资股份有限公司	根据国家有关规定，经外经贸部依法批准设立，其中外资的股本占公司注册资本的比例达25%以上的股份有限公司。凡其中外资股本占公司注册资本的比例小于25%的，属于内资企业中的股份有限公司。
390	其他外商投资企业	在中国境内依照《外国企业或个人在中国境内设立合伙企业管理办法》和《外商投资合伙企业登记管理规定》，依法设立的外商投资合伙企业等。

关于划分企业登记注册类型的规定：

第一条　本规定以在工商行政管理机关登记注册的各类企业为划分对象。其他经济组织参照本规定执行。

第二条　本规定以工商行政管理部门对企业登记注册的类型为依据，将企业登记注册类型分为以下几种：

（1）内资企业：国有企业、集体企业、股份合作企业、联营企业、有限责任公司股份、有限公司、私营企业、其他企业。

（2）港、澳、台商投资企业、合资经营企业（港或澳、台资）、合作经营企业（港或澳、台资）、港、澳、台商独资经营企业、港、澳、台商投资股份有限公司、其他港、澳、台商投资企业。

（3）外商投资企业：中外合资经营企业、中外合作经营企业、外资企业、外商投资股份有限公司、其他外商投资企业。

第三条　国有企业是指企业全部资产归国家所有，并按《中华人民共和国企业法人登记管理条例》规定登记注册的非公司制的经济组织。不包括有限责任公司中的国有独资公司。

第四条　集体企业是指企业资产归集体所有，并按《中华人民共和国企业法人登记管理条例》规定登记注册的经济组织。

第五条　股份合作企业是指以合作制为基础，由企业职工共同出资入股，吸收一定比例的社会资产投资组建，实行自主经营，自负盈亏，共同劳动，民主管理，按劳分配与按股分红相结合的一种集体经济组织。

第六条　联营企业是指两个及两个以上相同或不同所有制性质的企业法人或事业单位法人，按自愿、平等、互利的原则，共同投资组成的经济组织。

第七条　有限责任公司是指根据《中华人民共和国公司登记管理条例》规定登记注册，由两个以上，五十个以下的股东共同出资，每个股东以其所认缴的出资额对公司承担有限责任，公司以其全部资产对其债务承担责任的经济组织。

有限责任公司包括国有独资公司以及其他有限责任公司。

国有独资公司是指国家授权的投资机构或者国家授权的部门单独投资设立的有限责任公司。

其他有限责任公司是指国有独资公司以外的其他有限责任公司。

第八条　股份有限公司是指根据《中华人民共和国公司登记管理条例》规定登记注册，其全部注册资本由等额股份构成并通过发行股票筹集资本，股东以其认购的股份对公司承担有限责任，公司以其全部资产对其债务承担责任的经济组织。

第九条　私营企业是指由自然人投资设立或由自然人控股，以雇佣劳动为基础的营利性经济组织。包括按照《公司法》、《合伙企业法》、《私营企业暂行条例》规定登记注册的私营有限责任公司、私营股份有限公司、私营合伙企业和私营独资企业。

私营独资企业是指按《私营企业暂行条例》的规定，由一名自然人投资经营，以雇佣劳动为基础，投资者对企业债务承担无限责任的企业。

私营合伙企业是指按《合伙企业法》或《私营企业暂行条例》的规定，由两个以上自然人按照协议共同投资、共同经营、共负盈亏，以雇佣劳动为基础，对债务承担无限责任的企业。

私营有限责任公司是指按《公司法》、《私营企业暂行条例》的规定，由两个以上自然人投资或由单个自然人控股的有限责任公司。

私营股份有限公司是指按《公司法》的规定，由五个以上自然人投资，或由单个自然人控股的股份有限公司。

第十条　其他企业是指上述第三条至第九条之外的其他内资经济组织。

第十一条　合资经营企业（港或澳、台资）是指港澳台地区投资者与内地企业依照《中华人民共和国中外合资经营企业法》及有关法律的规定，按合同规定的比例投资设立、分享利润和分担风险的企业。

第十二条　合作经营企业（港或澳、台资）是指港澳台地区投资者与内地企业依照《中华人民共和国中外合作经营企业法》及有关法律的规定，依照合作合同的约定进行投资或提供条件设立、分配利润和分担风险的企业。

第十三条　港、澳、台商独资经营企业是指依照《中华人民共和国外资企业法》及有关法律的规定，在内地由港澳台地区投资者全额投资设立的企业。

第十四条　港、澳、台商投资股份有限公司是指根据国家有关规定，经外经贸部依法批准设立，其中港、澳、台商的股本占公司注册资本的比例达25%以上的股份有限公司。凡其中港、澳、台商的股本占公司注册资本的比例小于25%的，属于内资企业中的股份有限公司。

第十五条　其他港、澳、台商投资企业是指在中国境内参照《外国企业或个人在中国境内设立合伙企业管理办法》和《外商投资合伙企业登记管理规定》，依法设立的港、澳、台商投资合伙企业等。

第十六条　中外合资经营企业是指外国企业或外国人与中国内地企业依照《中华人民共和国中外合资经营企业法》及有关法律的规定，按合同规定的比例投资设立、分享利润和分担风险的企业。

第十七条　中外合作经营企业是指外国企业或外国人与中国内地企业依照《中华人民共和国中外合作经营企业法》及有关法律的规定，依照合作合同的约定进行投资或提供条件设立、分配利润和分担风险的企业。

第十八条　外资企业是指依照《中华人民共和国外资企业法》及有关法律的规定，在中国内地由外国投资者全额投资设立的企业。

第十九条　外商投资股份有限公司是指根据国家有关规定，经外经贸部依法批准设立，其中外资的股本占公司注册资本的比例达25%以上的股份有限公司。凡其中外资股本占公司注册资本的比例小于25%的，属于内资企业中的股份有限公司。

第二十条　其他外商投资企业是指在中国境内依照《外国企业或个人在中国境内设立合伙企业管理办法》和《外商投资合伙企业登记管理规定》，依法设立的外商投资合伙企业等。

第二十一条　本规定由国家统计局会同国家工商行政管理局负责解释。

第二十二条　本规定自发布之日起施行，国家统计局和国家工商行政管理局1992年制定的《关于经济类型划分的暂行规定》同时废止。

二、创建企业的常见法律组织形式

根据我国法律规定，大学生创业者可以选择有限责任公司、股份有限公司、合伙企业和个人独资企业等企业形式。不同的企业类型对注册资本有着不同的最低限额要求，创业者所承担的责任也有所不同。一般来说，个人创业者常常采用个人独资企业和合伙企业的形式，而当企业发展到一定规模的时候，就有可能改组成为公司企业形式。下文将着重介绍个体工商户、个人独资企业、合伙企业、公司企业这4种常见的企业法律组织形式。

（一）个体工商户

个体工商户是指在法律允许的范围内，依法经核准登记，从事工商经营活动的自然人或者家庭。单个自然人申请个体经营，应当是16周岁以上有劳动能力的自然人。家庭申请个体经营，作为户主的个人应该有经营能力，其他家庭成员不一定都要有经营能力。个体工商户享有合法财产权，包括对自己所有的合法财产享有占有、使用、收益和处分的权利，以及依据法律和合同享有各种债权。

（二）个人独资企业

个人独资企业是指依法设立，由一个自然人投资，财产为投资人个人所有，投资人以其个人财产对企业债务承担无限责任的经营实体。根据法律规定，设立个人独资企业应具备以下条件：投资人为一个自然人；有合法的企业名称；有投资人申报的出资；有固定的生产经营场所和必要的生产经营条件；有必要的从业人员。

（三）合伙企业

由各合伙人订立合伙协议，共同出资，共同经营，共享收益，共担风险，并对企业债务承担无限连带责任的营利性组织。也指自然人、法人和其他组织依照《中华人民共和国合伙企业法》在中国境内设立的，由两个或两个以上的自然人通过订立合伙协议，共同出资经营、共负盈亏、共担风险的企业组织形式。

（四）公司企业

公司企业是指根据《中华人民共和国公司登记管理条例》规定登记注册，由50个以下的股东出资设立，每个股东以其所认缴的出资额对公司承担有限责任，公司以其全部资产对其债务承担责任的经济组织。有限责任公司包括国有独资公司及其他有限责任公司。

《中华人民共和国公司法》所称的有限责任公司是指在中国境内设立的，股东以其认缴的出资额为限对公司承担责任的经济组织。

第五节 企业名称的选择

一、《企业名称登记管理规定》的内容

《企业名称登记管理规定》是为规范企业名称登记管理，保护企业的合法权益，维护社会经济秩序，优化营商环境而制定的。由中华人民共和国国家工商行政管理局于1991年7月22日发布，自1991年9月1日起实施。2012年11月9日，经中华人民共和国国务院令第628号第一次修订。2020年12月28日，经中华人民共和国国务院令第734号第二次修订。

第一条　为了规范企业名称登记管理，保护企业的合法权益，维护社会经济秩序，优化营商环境，制定本规定。

第二条　县级以上人民政府市场监督管理部门（以下统称"企业登记机关"）负责中国境内设立企业的企业名称登记管理。

国务院市场监督管理部门主管全国企业名称登记管理工作，负责制定企业名称登记管理的具体规范。

省、自治区、直辖市人民政府市场监督管理部门负责建立本行政区域统一的企业名称申报系统和企业名称数据库，并向社会开放。

第三条　企业登记机关应当不断提升企业名称登记管理规范化、便利化水平，为企业和群众提供高效、便捷的服务。

第四条　企业只能登记一个企业名称，企业名称受法律保护。

第五条　企业名称应当使用规范汉字。民族自治地方的企业名称可以同时使用本民族自治地方通用的民族文字。

第六条　企业名称由行政区划名称、字号、行业或者经营特点、组织形式组成。跨省、自治区、直辖市经营的企业，其名称可以不含行政区划名称；跨行业综合经营的企业，其名称可以不含行业或者经营特点。

第七条　企业名称中的行政区划名称应当是企业所在地的县级以上地方行政区划名称。市辖区名称在企业名称中使用时应当同时冠以其所属的设区的市的行政区划名称。开发区、垦区等区域名称在企业名称中使用时应当与行政区划名称连用，不得单独使用。

第八条　企业名称中的字号应当由两个以上汉字组成。

县级以上地方行政区划名称、行业或者经营特点不得作为字号，另有含义的除外。

第九条　企业名称中的行业或者经营特点应当根据企业的主营业务和国民经济行业分类标准标明。国民经济行业分类标准中没有规定的，可以参照行业习惯或者专业文献等表述。

第十条　企业应当根据其组织结构或者责任形式，依法在企业名称中标明组织形式。

第十一条　企业名称不得有下列情形：

（一）损害国家尊严或者利益；

（二）损害社会公共利益或者妨碍社会公共秩序；

（三）使用或者变相使用政党、党政军机关、群团组织名称及其简称、特定称谓和部队番号；

（四）使用外国国家（地区）、国际组织名称及其通用简称、特定称谓；

（五）含有淫秽、色情、赌博、迷信、恐怖、暴力的内容；

（六）含有民族、种族、宗教、性别歧视的内容；

（七）违背公序良俗或者可能有其他不良影响；

（八）可能使公众受骗或者产生误解；

（九）法律、行政法规以及国家规定禁止的其他情形。

第十二条　企业名称冠以"中国""中华""中央""全国""国家"等字词，应当按照有关规定从严审核，并报国务院批准。国务院市场监督管理部门负责制定具体管理办法。

企业名称中间含有"中国""中华""全国""国家"等字词的，该字词应当是行业限定语。

使用外国投资者字号的外商独资或者控股的外商投资企业，企业名称中可以含有"（中国）"字样。

第十三条　企业分支机构名称应当冠以其所从属企业的名称，并缀以"分公司"

"分厂""分店"等字词。境外企业分支机构还应当在名称中标明该企业的国籍及责任形式。

第十四条　企业集团名称应当与控股企业名称的行政区划名称、字号、行业或者经营特点一致。控股企业可以在其名称的组织形式之前使用"集团"或者"（集团）"字样。

第十五条　有投资关系或者经过授权的企业，其名称中可以含有另一个企业的名称或者其他法人、非法人组织的名称。

第十六条　企业名称由申请人自主申报。

申请人可以通过企业名称申报系统或者在企业登记机关服务窗口提交有关信息和材料，对拟定的企业名称进行查询、比对和筛选，选取符合本规定要求的企业名称。

申请人提交的信息和材料应当真实、准确、完整，并承诺因其企业名称与他人企业名称近似侵犯他人合法权益的，依法承担法律责任。

第十七条　在同一企业登记机关，申请人拟定的企业名称中的字号不得与下列同行业或者不使用行业、经营特点表述的企业名称中的字号相同：

（一）已经登记或者在保留期内的企业名称，有投资关系的除外；

（二）已经注销或者变更登记未满1年的原企业名称，有投资关系或者受让企业名称的除外；

（三）被撤销设立登记或者被撤销变更登记未满1年的原企业名称，有投资关系的除外。

第十八条　企业登记机关对通过企业名称申报系统提交完成的企业名称予以保留，保留期为2个月。设立企业依法应当报经批准或者企业经营范围中有在登记前须经批准的项目的，保留期为1年。

申请人应当在保留期届满前办理企业登记。

第十九条　企业名称转让或者授权他人使用的，相关企业应当依法通过国家企业信用信息公示系统向社会公示。

第二十条　企业登记机关在办理企业登记时，发现企业名称不符合本规定的，不予登记并书面说明理由。

企业登记机关发现已经登记的企业名称不符合本规定的，应当及时纠正。其他单位或者个人认为已经登记的企业名称不符合本规定的，可以请求企业登记机关予以纠正。

第二十一条　企业认为其他企业名称侵犯本企业名称合法权益的，可以向人民法院起诉或者请求为涉嫌侵权企业办理登记的企业登记机关处理。

企业登记机关受理申请后，可以进行调解；调解不成的，企业登记机关应当自受理之日起3个月内作出行政裁决。

第二十二条　利用企业名称实施不正当竞争等行为的，依照有关法律、行政法规的规定处理。

第二十三条　使用企业名称应当遵守法律法规，诚实守信，不得损害他人合法权益。

人民法院或者企业登记机关依法认定企业名称应当停止使用的，企业应当自收到人民法院生效的法律文书或者企业登记机关的处理决定之日起 30 日内办理企业名称变更登记。名称变更前，由企业登记机关以统一社会信用代码代替其名称。企业逾期未办理变更登记的，企业登记机关将其列入经营异常名录；完成变更登记后，企业登记机关将其移出经营异常名录。

第二十四条　申请人登记或者使用企业名称违反本规定的，依照企业登记相关法律、行政法规的规定予以处罚。

企业登记机关对不符合本规定的企业名称予以登记，或者对符合本规定的企业名称不予登记的，对直接负责的主管人员和其他直接责任人员，依法给予行政处分。

第二十五条　农民专业合作社和个体工商户的名称登记管理，参照本规定执行。

第二十六条　本规定自 2021 年 3 月 1 日起施行。

二、构成企业名称的基本要素

企业名称与自然人名称相对，是作为法人的公司或企业的名称，该名称属于一种法人人身权，不能转让，随法人存在而存在，随法人消亡而消亡。法人在以民事主体参与民事活动如签订合同、抵押贷款时需要使用企业名称。企业名称必须经过核准登记才能取得。

企业名称是一个企业区别于其他企业的文字符号，依次由企业所在地的行政区划、字号、行业或者经营特点、组织形式等四部分组成，字号是区别不同企业的主要标志。例如：

江苏　　／华天／　咨询　／有限公司

行政区划／字号／行业特征／组织形式

行政区划是指企业所在地县以上行政区划的名称。企业名称中的行政区划名称可以省略"省""市""县"等字，但省略后可能造成误认的除外。县以上的市辖区行政区划名称应与市行政区划名称联用，不宜单独冠用市辖区行政区划名称。除符合《企业名称登记管理规定》特别条款外，行政区划名称应置于企业名称的最前部。

字号是构成企业名称的核心要素，应由两个以上的汉字组成。企业名称中的字号是某一企业区别于其他企业或社会组织的主要标志。除符合《企业名称登记管理规定》特别条款外，字号应置于行政区划之后、行业或经营特点之前。驰名字号是指在一定的时间和空间范围内，在某一行业或多个行业中为人们所熟知的企业字号。企业有自主选择企业名称字号的权利，但所起字号不能与国家法律、法规相悖，不能在客观上使公众产生误解和误认。企业名称字号一般不得使用行业字词。

企业名称也是一种社会文化，从一个侧面反映了社会文化的健康文明程度。因此在确定企业名称字号时，应考虑其是否符合社会精神文明的要求，不使用带有殖民奴化、封建糟粕、格调低下的字词作企业字号。

行业或经营特点应当具体反映企业的业务范围、方式或特点。确定行业或经营特点字词，可以依照国家行业分类标准划分的类别使用一个具体的行业名称，也可以使用概括性字词，但不能明示或暗示有超越其经营范围的业务。企业经营业务跨国民经济行业分类大类的，可以选择一个大类名称或使用概括性语言在名称中表述企业所从事的行业。企业应根据自身的业务情况，选择行业或经营特点字词，注意避免脱离自身实际业务情况而盲目追求"大名称"。

组织形式，即企业名称中反映企业组成结构、责任形式的字词，如公司、厂、中心、店、堂等。我国企业在组织形式的称谓上具有多样化，概括起来，可分为两大类：① 公司类。依照《公司法》设立的公司，其名称必须标明"有限责任公司"或"股份有限公司"字词，"有限责任公司"亦可简称为"有限公司"。② 一般企业类。依照《企业法人登记管理条例》设立的企业，其名称中的组织形式称谓纷繁多样，如"中心""店""场""城"等。组织形式一般不能连用或混用。对一些国际上通用的形式如"××××厂有限公司""××××中心股份有限公司"等，应允许使用。

三、企业命名的原则

有一个好名字对企业来说也是一个好的开始。从商标品牌的传播力来说，可读性和可记忆性非常关键，比如阿里巴巴、京东读起来朗朗上口，联通、移动一听一读就记住了。同时，要注意起名也有学问。一般来说给企业起一个好名字的方法有7种。

（一）区域起名法

区域起名法指结合地区文化或地区的名字为公司起名。将公司与地区联系起来，公司能够借助地方的名气进行发展，如果公司做大做强，反过来又能带动地区的名声和经济发展，例如青岛啤酒、贵州茅台、蒙牛牛奶等。

（二）中外起名法

中外起名法是选择一个合适的英文或其他语种的词，然后使用中文音译法将名字翻译为中文，翻译后的名字并不具备英文的含义，但读音相似。用中外起名法给公司起名字具有新颖性和国际感，可以让消费者产生"洋气"的感觉，也有助于企业开拓海外市场。

（三）形象命名法

形象命名指的是用人们熟悉、容易联想到、能够产生画面感的事物起名。形象起名法的作用就是能让顾客看到某件事物就想起相应的公司。形象命名法选取的对象应该是生活中人们熟知或常见的事物。

（四）功效起名法

功效起名法指的是将公司产品或业务的价值和效果突出在公司的名字中，以吸引和定位消费者人群，让有需求的客户一眼相中公司。

（五）数字命名法

根据数字的谐音，能将不同的数字组合成寓意不同的字词。例如520谐音"我爱你"、1314谐音"一生一世"、99谐音"久久"等。公司用数字命名时，名字会显得有趣诙谐，并且数字是人们生活中必不可少的事物，天天能见到，当顾客见到与公司名字相同的数字时，会联想到相应的公司，产生加深印象的作用。

(六) 年代起名法

对于一些有历史渊源的公司来说，凸显年代久远是优势之一。年代起名法指的是在名字中使用年份的数字或具有时代特色的词语起名，让消费者明白公司是历史久远、值得信任的。

(七) 愿景起名法

愿景指的是公司未来的发展方向以及期望达成的目标。愿景能够给人一个美好的想象，消费者们会对公司有期许。公司的愿景伟大并且能够实现，客户就会增加对公司的信任，对宣传以及加深客户联系有很大的帮助。

第六节 企业注册登记

俗话说："名不正，则言不顺；言不顺，则事不成。"开办企业都需要具有相应的营业资格，办理相关的营业手续，这必然离不开企业的登记注册。工商登记注册是设立企业的法定程序，是政府对申请人的条件进行审查，确定其企业经营范围，通过登记注册使其获得实际营业权的各项活动的总称。工商登记注册最后形成一个非常重要的凭证——营业执照。营业执照分为正本和副本，正、副本代码都是一样的，两者具备同样的法律效力。正本一般被置于公司或者经营场所醒目的地方，副本方便携带办事。营业执照不得伪造、涂改、出租、外借、转让。作为创业者，该如何申请营业执照呢？

随着政府营商环境的不断优化，一般行业企业只需7个步骤就能顺利办理营业执照：企业名称自主申报→工商登记注册→申领发票和税控设备→社保登记→住房公积金企业缴存登记→刻公章→开户。特殊行业需要增加前置或后置审批环节。

一、企业名称自主申报流程

企业名称预先核准是企业名称登记的特殊程序，指的是设立公司应当申请名称预先核准，这样可以避免企业在筹组过程中因名称的不确定性而出现登记申请文件、材料使用名称杂乱的现象，并减少因此引起的重复劳动、重复报批。

企业名称核准的内容有以下要求：① 符合法律规范，企业名称必须符合《企业名称登记管理规定》及《企业名称登记管理实施办法》对企业名称规范的要求；② 申请在先、设立在先的原则；③ 规定范围内同行业企业名称不得相同或近似。

企业名称预先核准要求：① 预先准备至少5个、不多于9个的企业名称；② 预先核准的企业名称保留期为6个月；③ 有正当理由在保留期内未完成企业设立登记的，在保留期届满前，可以申请延长保留期，延长的保留期不得超过6个月。

(一) 工商登记注册

一般可以直接登录当地企业登记网络服务平台，各省都有通过IP地址登录网址和手机APP等办理的方式。以一网通办为例，进入开办专区后首先要用户登录，如果是首次登录则必须按照要求进行注册登记，方可进入。进入后录入相关信息，录入信息后就可以看见一般企业办理的7个步骤。接下来按照要求填写相关信息,在网页端直接提交相关材料,通常是身份证明材料和场所证明材料。身份证明材料包括身份证原件、复印件、从业人员照片(注意如果是有限公司、股东为公司的须提供加盖公章的公司营业执照复印件);公司最新章程(加盖公章);公司股东决议(全体股东签名)。场所证明材料包括:房屋租赁合同(由法人代表签署)、房东身份证复印件、房屋产权复印件(注意产权为住宅或未办理产权证的,由房屋所在地社区、村委会或物业公司开具房屋证明及同意办公的证明);所有地址须一致。

提交相关材料后,系统一般会自动生成相应的材料,如申报有限公司会自动生成公司章程,申报合伙企业会自动生成合伙协议,然后就可以在平台上领取电子营业执照。材料提交经受理后,只需要一个工作日就可以完成审批,将相应的表格材料打印齐全后到企业所在地的市场监督管理局只需半个工作日就可以领证,且所有的办理都是免费的。

(二)税务登记

依法纳税是每个公民应尽的义务,企业纳税要事先向税务机关登记才能进行。创业者在经营执照核发30日内,分别到国税局和地税局领取并填写《申请税务登记表》,同时提供全部有关证件或资料。其中包括:① 营业执照副本及复印件;② 组织机构代码证及复印件;③ 银行开户许可证复印件;④ 法定代表人(负责人)或业主、财务负责人居民身份证、护照或者其他证明身份的合法证件及复印件;⑤ 经营场所房屋产权证书复印件;⑥ 租借、承租承借房屋、土地合同复印件;⑦ 成立章程或协议书;⑧ 独立核算或非独立核算证明;⑨ 非独立核算单位须持上级独立核算单位的税务登记表及复印件。

(三)社保登记

《中华人民共和国社会保险法》总则的第二条规定:国家建立基本养老保险、基本医疗保险、工伤保险、失业保险、生育保险等社会保险制度,保障公民在年老、疾病、工伤、失业、生育等情况下依法从国家和社会获得物质帮助的权利。

第四条规定:中华人民共和国境内的用人单位和个人依法缴纳社会保险费,有权查询缴费记录、个人权益记录,要求社会保险经办机构提供社会保险咨询等相关服务。个人依法享受社会保险待遇,有权监督本单位为其缴费情况。

第五条 一般新公司办理社保时需要以下证件才能申请:

① 企业营业执照副本原件;

② 组织机构统一代码证书原件;

③ 开户银行印鉴卡原件或开户许可证原件或开户银行证明原件;

④ 企业法人身份证复印件(盖单位公章);

⑤ 单位经办人的身份证原件;

⑥ 企业法人或社保经办人如是港澳台外籍人员需提供有效的证件(永久性)和入中国境内的证件原件且提供复印件(加盖单位公章);

⑦《企业参加社会保险登记表》(盖单位公章)。

（四）住房公积金企业缴存登记

住房公积金是指国家机关、国有企业、城镇集体企业、外商投资企业、城镇私营企业及其他城镇企业、事业单位、民办非企业单位、社会团体（以下统称"单位"）及其在职职工缴存的长期住房储金，企业住房公积金的缴存具有一定的强制性。

单位应当到住房公积金管理中心办理住房公积金缴存登记，经住房公积金管理中心审核后，到受委托银行为本单位职工办理住房公积金账户设立手续。每个职工只能有一个住房公积金账户。办理所需材料一般有《企业法人营业执照》《组织机构代码证》副本（无企业法人营业执照的，须提供《营业执照》副本复印件及《税务登记证》副本复印件）。

（五）刻公章

刻章需要到公安局办事大厅窗口办理登记备案，所需材料为营业执照副本原件、营业执照副本复印件和企业法定代表人（或负责人等，下同）身份证复印件。

对于一般企业来说，刻制公章、财务专用章、合同专用章和法定代表人人名章即可满足需要。

公章，用于公司对外事务处理，如工商、税务、银行等外部事务时加盖。财务专用章，用于公司票据、支票等在出具时加盖，通常称为银行大印鉴。合同专用章，顾名思义，通常在公司签订合同时加盖。发票专用章，在公司开具发票时加盖。法人章用于特定的用途，公司出具票据时要加盖此印章，通常称为银行小印鉴。在这五种印章中，公章、财务专用章、合同章是需要在公安机关备案的，具有更高的法律效力。切记：刻章一定要经过公安机关备案，不要图省事、便宜等私自刻章，以免留下隐患。实际工作中，公章等在办理其他手续时往往需要随身携带，要有保管和防范意识，避免因公章等丢失影响后续工作。

（六）开户

账户是用来连续、系统记录各个会计科目所反映的经济业务内容的工具。银行账户就是客户在银行开立的各种存款、贷款、结算等账户的总称，即办理信贷、结算汇兑和现金收付业务的工具。根据现行法律规定，每个独立核算的经济单位都必须在银行开户，各单位之间办理款项结算，除依现金管理办法规定可用现金外，均须通过银行结算。企业开立银行账户是与银行建立往来关系的基础。银行账号包括基本账户、一般账户、专用账户、临时账户等。创业之初，需要先设立一个临时账户（验资账户）。该账户必须注明"临时"及用途。企业获得营业执照之后，该账户原则上转为基本账户，也可以申请注销，另开基本账户。

任务与思考

1. 大学生创业前需要做哪些准备工作，结合本章内容，从自身实际出发，谈谈感想。

2. 创业者身上应具备哪些素质？结合本章学习内容，写一篇800字的小作文。

3. 了解创业团队的类型、构建原则、影响因素、组建程序及主要工作，谈谈如何构建一支优秀的创业团队。

4. 随堂检验大学生对登记企业组织形式的选择、登记注册的注意事项及登记注册流程的熟悉程度，在教师指导下，进行公司模拟登记注册。

第五章 创新创业项目选择

章节概要

2021年,全国普通高校毕业生总人数为909万,同比增加35万,就业人数持续增加。大学生就业不仅是政府部门、高校、社会的重要工作,也是社会民生的关注焦点,而缓解就业压力的有效途径之一是鼓励支持大学生创业。创业项目是所有创业群体的落脚点与出发点,对于创业项目的选择倾向显示了大学生创业群体对社会创业痛点的敏锐关注、对社会发展难点的公益热情。同时好的项目是成功的一半,选择创业项目是踏上创业之路的第一步,也是最为重要的一步。对于有志于实现心中创业梦想的大学生而言,选对一个合适的创业项目作为自己事业的起步极为关键,甚至会决定创业的成败。合适的创业项目可以使大学生产生更大的创业信心和创业热情,从而更好地开展创业活动。他们所创立的企业对社会经济的促进作用不言而喻。本章重点学习创新创业项目的内涵、创新创业项目选择的影响因素和原则、创新创业项目的选择策略、创新创业项目挖掘的方法与途径、创新创业的风险与规避、创新创业项目类型,以期给大学生选择创业项目时提供有效帮助,提高他们创业的成功率。

第一节 项目选择的影响因素和原则

一、创业项目的概念

从狭义层面理解,创业项目是指创业者能够用来实际运作,开办企业进行生产或经销产品(包括有形产品或无形产品,如服务产品),并通过出售给消费者来赚取利润的商业机会。广义上来说,创业项目包含创意规划与创业实践。大学生创业群体进行创业面向的依然是社会整体的发展需求,因此要明确创业项目的架构。创业项目的分类主要有以下几种:①根据创业方法的不同,可分为实业创业项目和网络创业项目;②根据经营性质及特点的不同,可分为生产类创业项目、科技类创业项目、商贸类创业项目、服务类创业项目、创意类创业项目和公益类创业项目;③根据创业观念的不同,可分为传统创业项目、新兴创业项目及微创业项目;④根据创业方式的不同，可分为自主创业项目、加盟创业项目、体验式培训创业项目和创业方案指导创业项目；⑤ 根据投资方式的不同，可分为无本创业项目、小本创业项目及微创业项目。创业项目的选择，是创业中最难、最关键的第一步。

二、创业项目的特点

虽然创业项目也是"项目"，但与一般或传统意义上的项目相比，创业项目仍具有一定的特殊性（表5.1）。了解这些特殊性，对于选择和管理创业项目具有重要的作用。

表 5.1　创业项目与一般项目的区别

类别	创业项目	一般项目
管理者	个人或志同道合的创业团队	母公司指派的项目小组
管理方式	更多使用"例外管理"和"创新管理"	以一般规则化管理为主
技术要求	需要创新技术和工艺	技术和工艺较成熟
获利方式	企业成长时权益资本的增加	项目产品投入运营后的收益
市场开拓	无市场基础，开拓较难	有一定市场认知度，开拓相对较易
项目目标	企业运营上轨道	按要求交付项目产品

第一，管理者和管理方式的不同。创业项目是由个人或一群志同道合的人组成的创业团队为了实现创业理想而选择的项目。由于创业的不确定性较高，对于创业项目的管理通常不可能参照一般常规化的企业管理方式，尤其是创业初期，"例外管理"出现的频次较多。同时，创业项目没有成熟、适合的管理制度，需要建立新的管理方式、制度和方法。这对管理者的思想、素质和知识结构提出了更高的要求。而一般项目的管理团队通常由母公司通过组织内部的人力资源调配而形成，并且有相当成熟的管理制度和流程，对管理者的要求相对也较低。

第二，技术要求上的不同。创新和不确定性是创业项目的技术和工艺的主要特征，而一般项目的技术和工艺相对比较成熟。随着科学技术的发展，技术和工艺革新速度不断加快，一些技术型的创业项目时常面临技术开发时间紧、应用新技术和新工艺与批量生产时稳定性和可靠性要求高的困境。

第三，在获取收益方面，创业项目主要是通过企业的成长来使初始投入的资本不断增值，如果经营情况较为正常的话，一般收益会随着时间的推移不断增加；而一般项目是通过产品投入运营后的营收来获取收益的，由于大部分项目产品会随着时间推移而性能不断降低，维护成本不断上升，其收益呈现先多后少的态势。

第四，从市场开拓的角度看，传统项目的产品依靠其母公司的影响力一般具有一定的市场认知度和比较确定的需求量，容易进行市场调查和销售量预测；创业项目的产品基本上没有市场基础，购买者和消费者从认知、接受到使用或消费产品需要一定的时间，同时创业项目需要在市场营销方面投入更多的时间和费用。

第五，创业项目和一般项目达成的目标不同。创业项目的目标是把握创业机会，通过努力使新企业运营步入轨道,形成较为完善的经营管理模式并获得相对稳定的收益;而一般的项目只要完成项目建设并交付使用即为达到目标。前者是强调寻找、把握和利用机会的机会导向,后者是资源保证前提下的项目导向。

三、大学生选择创业项目的影响因素

对于初次创业者来说,创业成功与否很大程度上与其所选择的创业项目有关。创业项目选择失误,是造成大学生创业失败的重要原因。不论是选择自主挑选项目进行创业,还是选择连锁加盟、转让合作项目创业,创业者都必须深入了解项目相关市场,理性认识并分析自身条件,制订切实可行的创业计划。同时,还要注意发现及规避市场中很多虚假或有欺骗性质的创业项目。从大学生创业项目的来源看,要选择合适的创业项目就必须增强大学生的创新意识和实践能力。从大学生选择创业项目的影响因素来看,主要分为客观影响因素和主观影响因素。

外在客观影响因素主要包括政策导向、资源保障、行业前景、市场环境、竞争压力、运作风险等6个因素。这些因素既是大学生选择创业的外在刺激性因素,也是影响大学生创业项目选择的重要内容。大学生所面临的综合外部环境如国内外经济状况、创业鼓励政策与法律支持、所学学科的技术变革、所选择市场项目的竞争形势、社会传统思维的影响等,会对大学生创业项目选择与运营产生实质影响。这就说明大学生创业者即使拥有完美的创业构想,如果没有外部硬件条件的支持,最终只会冷却创业热情,丧失创业良机。大学生群体由于受到自身成长环境等因素的影响,难以全面而有效地利用良好的外部条件,或者规避一些可能存在的不利因素。这就要求大学生在选定创业项目时必须考虑国家的政策和法律法规,这包括两个方面:一是拟选定的项目是否属于国家政策和法律禁止或限制的范围;二是拟选定的项目是否属于国家政策和法律鼓励的范畴。选定国家政策鼓励的项目可以使创业者得到政府政策的支持,减少创业过程中不必要的麻烦,得到更多的支持与帮助。

参考案例
5-1、5-2

内在主观影响因素包括创新能力、兴趣爱好、敢于冒险、团队合力、战略思维、人脉网络、专业特长、竞争压力、经验积累、受挫力、渴望成功等。这些因素是大学生选择创业的决定性因素,也是影响大学生创业项目选择的内因。早在20世纪60年代,麦克莱兰就提出了创业成功与创业者自身的某些素质密不可分的结论。创业能力是一个重要的概念,它对个体是否选择创业具有显著作用,同时也对创业企业的绩效有着重要影响。所谓的创业能力主要包括个人影响力、行业和专业知识及综合能力。创业者要想选择合适的创业项目就必须能够准确地发现市场机会并将市场机会转化为创业机会,这都与大学生的创业能力息息相关。大学生如果具有较高的创业能力就能理性地认识和分析自己具备的实际条件,并结合市场需求与地区经济特色,找到适合创业的项目。

针对大学生创业项目选择,李吉庆等人曾做过相关调研,将外在影响因素和内在影响因素分为18项进行问卷调查,每个因素设置"非常重要、重要、一般、次要、不重要"5个选项,并要求列出其他影响因素,参与调研者对每个选项全部进行完测

评为有效问卷；同时规定，对选择"非常重要""重要"超过90%的予以保留，对列出其他影响因素重复率超过50%的予以保留。调研过程中，对在某大学生创业孵化园成功创业的创业团队进行问卷调查，然后对调研结果进行综合分析。该次调研共发放问卷180份，收回165份，有效问卷160份。通过调研分析发现，创业者对理论层面影响因素给予了充分肯定，评价为"非常重要""重要"的比率均在95.6%以上，但与文献出现频率不成正比例关系。这既说明了创业项目选择影响因素规律性的存在，同时也说明随着政策环境的变化，各种影响因素的重要程度也在发生着变化。列出的其他影响因素重复率超过50%的有两项，分别是"创业教育""扶持力度"。

影响因素重要性的不同，决定着各种因素权重存在差异性。科学分析大学生创业项目选择影响因素权重，对于科学评价和选择创业项目具有重要意义。由于影响因素较为复杂，应该运用定性与定量相结合的办法来衡量。而模糊综合评价法（FAHP）是定量和定性分析相结合的多目标决策方法，能够对被评价对象进行综合分析，有效分析目标准则体系层次间的非序列关系和权重大小。首先组成包括10名来自创业教育领域和创业扶持机构代表的专家组，运用0.1~0.9标度法对各影响因素的重要性进行评价，然后按照模糊综合评价法，构造因素层的模糊互补判断矩阵。再通过判断矩阵修正、一致性检验（相容性指标为0.056<0.1，说明数据具有一致性），最终确定各项影响因素在创业项目选择评价中的权重。如表5.2为大学生创业项目选择的影响因素权重。

表5.2 大学生创业项目选择的影响因素权重

内容	类别	影响因素	权重
大学生创业项目选择影响因素	内在条件	创新能力	0.0821
		兴趣爱好	0.061
		敢于冒险	0.0526
		团队合力	0.0464
		战略思维	0.0528
		人脉网络	0.0376
		专业特长	0.0421
		竞争压力	0.0437
		经验积累	0.0381
		受挫力强	0.0418
		经验背景	0.0363
		渴望成功	0.0443

续表

内容	类别	影响因素	权重
大学生创业项目选择影响因素	匹配程度	政策导向	0.0512
		资源保障	0.0632
		行业前景	0.0526
		市场环境	0.0503
		竞争压力	0.0434
		运作风险	0.0423
		创业教育	0.0597
		扶持力度	0.0585

需要指出的是，大学生创业项目影响因素及其各自权重不是一成不变的，而是随着创业政策和环境的变化而不断调整变化的。同时，由于在文献资料、实证周期、调研样本、跟踪验证等方面还存在很多局限性，此项研究还需要继续深入，以期获得更多有价值的成果。

大学生创业有优势，也存在劣势，优势因素包括强烈的创业意愿即个人理想与奋斗的坚强意志、专业知识的运用能力、团队协作成长能力等；劣势因素包括选择的创业项目人脉资源积累少、经济运营与人力资源管理能力不足、人生阅历与社会经验不足等。随着大学生生活阅历、知识储备的不断增长，人脉资源的累积，心理适应能力的不断提升，他们对创业将会有更为理性的判断能力，抵抗项目运营失败的抗挫能力也会有所增强。良好的个人素质形成优势主观条件，可以为创业奠定基础。但是青年时期的创业热情与激情大多变化无常，如何在主观影响因素中充分调动并保持创业激情是创业指导的关键难点，也是世界各国启动创业并维护创业群体的难点之一。

四、大学生选择创业项目的原则

创业项目的选择很重要，在激烈的市场竞争中，一个微乎其微的信息可能就是一个优秀的创业项目，可以获得可观的经济利益。在创业项目的选择上，要针对某类特定消费群体进行市场调研，从需求中发现商机。好的创业项目等于一个好的开始，成功创业靠的就是好的创业项目，大学生在创业过程中要选择适合自己的创业项目，在选择时要遵循以下原则。

第一，合法性原则。要选择国家准入的行业和领域的创业项目。要了解国家政策，比如国家对于普通的民用商品一般没有什么限制，但对一些特殊领域是明令禁止的，部分领域是有准入条件的。在相对虚拟化的互联网平台上操作不仅要注意操作的合法性，还要避免涉及可能要被监管或有变化的领域，要确保项目是国家允许的。

第二，市场性原则。项目选择必须以市场为导向。市场始终是动态发展变化的。因而选择创新创业，实质上是一项风险活动。因为在这个过程中存在诸多不确定性，且面临许多障碍和风险。大学生必须树立"企业是为了满足顾客需求而存在"的观点，一般而言，创业要选择市场前景比较好的项目，创业者必须明确项目是为解决客户的问题而存在的。项目存在的前提是客户有需求，且需求较大。如果项目不能解决客户问题或需求较小，项目生存时间就不会长。这就要求选择创业项目时必须考虑现实情况，要紧跟市场需求。创业之初就应该清楚项目的市场与发展空间，用此来判断创业项目选择得合适与否。选择创业项目不能依据自己的想象和愿望，不能仅凭一腔热血或一时冲动，要以是否满足市场需求为前提，选择重点发展且需求量大、发展前景广阔的产业或项目。在进行创业项目初选时，应顺应经济发展趋势，对项目发展前景进行仔细、深入的考察、分析、判断，预测其发展前景。现阶段一般的风险投资基金和"孵化器"所感兴趣的项目主要有网络技术、软件信息、新材料、新能源、机电一体化、节能领域、生物医药等，这些项目有技术含量，且发展前景较好，符合产业政策。我国目前还处在工业化程度逐步加深的阶段，国家大力扶持发展高科技产业，给予政策和经济上的帮助。

第三，营利性原则。在进行项目初选时应认真计算权衡创业项目的投入与产出，对经济效益进行计算、分析和评价，一般投资项目要有较高的投入产出比，即投资要讲究回报率。市场中的任何经营，无论是提供产品还是提供服务，都要有盈利空间。有盈利空间才能支付员工薪酬、场地租金等。对于创新创业来说，盈利空间是项目生存与发展的基石与条件，是创业者安身立命的根本，初创者选择项目时显然要把盈利空间作为思维的落脚点。同时，在国家政策方针的主导与支持下，按照市场经济的规律对盈利空间进行预测性评估，包括结合个人的实际条件，如专业、人脉、资源等。由此，作为创新创业主体，在认识社会职业结构变化与识别市场机会的前提下，花功夫对利润空间做预测性评估是找准对自身竞争有利的创新创业项目的关键。需要指出的是，如何判断与把握市场实践中动态变化的需求，进而对创新创业项目做出合理选择，实质上是创业者自觉行为的过程，也是创业学习者主动获取知识和积累经验的过程，即在原有知识和经验的基础上，有效获取新知识、新经验，形成适合自己的创业行为方式。这一过程中的发现、捕捉与创造，同步生成相应的创业机会。

第四，优势性原则。创业项目需要有竞争优势，具体体现在市场、产品、营销、竞争和投资等方面。大学生创业者如果能独具慧眼，发掘特有资源并加以利用，进行投资开发，往往比较容易创业成功。在选择创业项目前，应当对自己的创业条件、创业能力和素质进行测评、分析、判断和评价，发现优势和不足，扬长避短，选择能够充分利用自身优势的项目。

第五，创新性原则。创新是企业家对生产要素的重新组合，主要包括开发新产品或改造老产品、开辟新市场、采用新的生产方式、获得原料或半成品的新的供给来源、实行一种新的企业组织形式等。创造新、奇、特的事物，是创新的最主要特点。对准备创业的大学生来说，非常重要和紧迫的是要有创新意识，要以创新的眼光去寻找有特色的创业项目，要让特色成为项目的亮点。这就要求大学生创业者要能辨别出哪些是有特色的商品、哪些是大路货商品。

第六，渐进性原则。大学生创业无论选择何种项目，都需要树立长期发展的目标，创业是有风险的。在选择创业项目时，应当遵循量力而行、渐进可持续原则。必须站在客户的角度，在利益的天平上向客户倾斜，把满足客户的利益作为自己的责任，并从中获得快乐与满足的自然回报，在为社会做出贡献的基础上实现自我价值。起步不要贪大求全，应以较少资本进行创业，先了解市场，等待时机成熟，创出特色，进而发展壮大。

第二节 创新创业项目选择的策略

一、大学生创业项目选择的步骤

大学生在创业前应科学、理性地选择项目，而建立科学的项目选择流程尤为重要。大学生在进行创业选择时可以分两个步骤进行。

（一）项目初选

1. 人选

创业者首先要问自己："我真的喜欢创业吗？""我为什么要去创业？""我有什么能力？""这些能力是创业需要的吗？""创业还需要哪些能力和技能？我有吗？如果没有怎么办？""我拿什么去创业，我有什么条件和资源可供创业使用？""我可以真正掌握这些资源吗？""我是不是具备一个创业者的必备素质？""人选"是创业项目选择的前提和基础，所谓项目选择就是将项目与具备创业素质的"人"进行匹配。要想较好地进行"人选"，建议准创业者做一次较为科学的自我测试。

2. 项目选

在得到"肯定"的答案后，进入"项目选"阶段。一个创业项目通常由产品或服务、市场、顾客、竞争对手、经营方式、盈利模式等因素构成。所以，"项目选"的第一件事是进行市场调研，根据收集到的市场信息，结合实际对原来的诸多想法进行一次筛选。在"项目选"过程中，创业者必须以市场需求为导向，充分利用自身优势和可控资源，突出未来企业效益。同时，兼顾环境保护，遵守国家产业政策，特别注意要量力而行，其中要重点考虑创业项目需要的资本量、期望从事的生意类型、管理工作量的大小、员工雇用的多少、规模大小、期望的客户和市场规模、经营风险等因素，最后再对项目的需求资金、成本、未来营利能力进行预测、分析和评价。创业项目初选的步骤一般包括确定项目初选关注项、为每个关注项给予相应的权重、列出全部备选项目、自己和朋友分别对备选项目关注项打分、进行得分合计、从中选出2至3个得分最高的项目（表5.3）。

表 5.3　项目初选表

创业项目初选标准关注项	权重	项目 A	项目 B	……
1. 创业者个人偏好				
2. 创业项目未来市场地位				
3. 市场增长的潜力				

续表

创业项目初选标准关注项	权重	项目 A	项目 B	……
4. 相对竞争对手的优势				
5. 项目所处行业的竞争状况				
6. 资本投入量多少				
7. 现金流转状态				
8. 经营风险				
9. 目前行业的投资回报率				
10. 预期未来的投资回报率				
合计	1			

每关注项满分为 100 分，根据自己关注项的重要性，创业者可以自己调整顺序，并按关注程度给出相应的权重系数，最后计算每个项目得分。

（二）项目精选

建立客观、可操作、具有前瞻性的评价指标体系，它包括企业未来的市场评估、产品与技术评估、项目规模评估、项目管理评估、财务评估、风险评估等指标，具体就是要明白谁是未来企业的顾客，顾客的具体肖像，他们对未来企业的依赖程度和需求程度，未来企业价格水平，未来市场上替代产品的发展趋势，未来产品的独特性、技术含量、边际利润、持续创新可能性等。此外，创业者还要考虑项目未来的规模经济、供求状况、筹资能力、生产要素的持续供给、组织制度建设、团队素质、财务预测及投资回报预测等因素，形成一个较科学的精选评估指标体系（表 5.4），这样，创业者在对项目进行全面细致的分析外，对项目的投资收益和风险也有一个清醒的认识。创业者可以根据基本六要素进行细分，形成若干个小指标，从而建立起项目精选的评价。

表 5.4 评价指标体系

评价内容	评价指标
市场评价	市场需求量预测
	目标客户收入水平
	市场接受时间
	市场竞争激烈程度
产品与技术评价	替代品
	技术的先进性
	技术的发展前景
	知识保护
项目投资规模评价	需要资金量
	原材料供给
	生产能力
	生产规模

续表

评价内容	评价指标
经营管理评价	经营模式
	创业团队
	员工技能
财务评价	投资回收期预测
	内部收益率预测
	净利润增长率预测
	销售收入增长率预测
风险及退出	财务风险
	行业风险
	退出堡垒

不同的创业者或不同行业的创业者可以根据自身或行业特点，确定出每项评价内容的具体指标，对于一些定性的指标要通过量表的形式将其定量化处理，给每个指标打分，然后再根据给出的权重得出最后的得分。

结合评价得分，创业者自己要结合自身创业条件和行业特点，本着充分利用当地自然资源和社会资源、资金投入与创办规模匹配的原则，发挥自身专长，提升创业满足感，精准确定创业企业的项目、规模等，完成自己创业项目的选择，实现人企合一，成功创业。

二、大学生选择创业项目的策略

一个好的创业项目是创业成功的第一步，创业项目的选择有以下策略。

（一）选择高附加值的项目

一个创业项目好坏，首先要考虑的是它提供的产品或服务的附加值高不高。附加值高则是好项目，不高就不是好项目，附加值为零就应该放弃。什么是附加值？附加值是附加价值的简称，是指在产品原有价值的基础上，通过生产过程的有效劳动而新创造的价值，即附加在产品原有价值上的新增价值。附加值的实现在于通过有效的营销手段进行连接。产品附加值主要包括两个方面的内容，即通过企业的内部生产活动等创造的产品附加值和通过市场战略在流通领域创造的商品附加值。

高附加值产品，是指"投入产出比"较高的产品，其技术含量、文化价值等比一般产品要高出很多，因而市场升值幅度大、获利高。

（二）选择高市场容量的项目

产品的市场容量是指消费者的需求总量。市场容量大，说明企业生产的产品社会需求量大，创业后的企业成长空间大。市场容量小，说明企业生产的产品社会需求量小，创业后企业成长的空间受限。一般来说，选择产品市场容量大的创业项目，创业初期的成活率相对会高一些；而选择产品市场容量小的创业项目，由于其生产的产品适用人群少，销量自然就小，创业初期的成活率就会相对较低。需要说明的是，市场容量与市场占有率是两个不同的概念。有些产品的市场容量虽然大，但由于竞争者较多，创业者可实际利用的市场空间也许并不大，因为整个庞大的市场被无数的竞争者分割成很多小市场，留给初期创业者的只有很小的市场容量。也就是说，创业者的产品市场占有率很小，初创企业只能在夹缝中生存。

（三）选择高市场垄断力的项目

市场垄断力是指利用该项目所生产的产品在市场中进行销售时所显露的市场占领能力，或者说是市场独占能力。它反映的是该项目与其他生产同类产品或替代产品的项目相比较时所表现出来的竞争力。高市场垄断力有两个好处：一是有利于产品的销售，提高该产品在市场上的占有率，即它的市场份额。二是有利于提高产品的销售价格。当产品在市场上处于完全竞争状态时，会形成一个平均销售价格，同时也会形成一个平均生产成本，它们之间的差额就是平均利润。一般来说，完全竞争状态下的平均利润是较低的；而当产品处于垄断状态时，它就掌握了定价权，其销售定价比平均价格高，高出部分的价格差就是垄断利润。简而言之，当产品处于垄断状态时，它不仅可以获得平均利润，还可以获得垄断利润。市场垄断可分为政策性垄断、技术性垄断、资金性垄断等3种类型。

1. 政策性垄断

它是指政府通过出台相关政策来限制其他可能的竞争者进入某些领域，而只容许一家或几家企业来经营某类产品。政策性垄断是特殊的垄断，创业者要想进入这类行业，只能成为它们下游或上游的配套企业。

2. 技术性垄断

它是指根据该创业项目生产的产品具有较高的技术含量，其他企业生产的产品由于技术含量低而无法与之竞争，从而处于垄断地位。技术性垄断又包括专利型技术垄断和窍门型技术垄断。

3. 资金性垄断

它是指某种创业项目需要大量的启动资金，只有资金充足者才能实施该项目。

（四）选择低风险的项目

低风险说明风险可控，技术上成熟、市场广阔、政策容许特别是政策鼓励的项目，风险相对较小。

一般来说，项目涉及的风险主要有三种，分别是政策风险、技术风险和市场风险。

1. 政策风险

它是指有些创业项目处于政府管制或管控的领域，政府管理政策可能会发生变化导致创业项目被限制，或因政策调整导致市场供求变化，给初创企业经营带来极大风险。

2. 技术风险

它是指初创企业的产品技术不完全成熟，边研制边上市，从而存在着技术不过关的风险。技术风险主要存在于产品具有一定技术含量的初创企业，当然也存在于进行新产品开发的成熟企业，特别是科技型企业。

3. 市场风险

主要是指产品能否经受市场竞争的风险。如果产品适销对路，渠道畅通，具有足够的竞争力，能很快得到消费者的认可，那么市场风险就相对较小；反之，市场风险相对较大。市场风险是创业者选择创业项目时必须考虑的因素。市场风险影响着产品的销售量、企业的生产成本和销售价格，最终影响企业的生存状况。形成市场风险的主要因素有以下几方面：一是宏观经济环境，若宏观经济不好，下游企业或客户购买力下降，势必影响本企业产品的销售。二是原材料采购。原材料不容易采购、采购价格高、运输成本高等都会影响企业的经营。三是消费者消费习惯和消费心理变化。企业生产的产品若不符合消费习惯则必将会造成销售困难。

（五）选择资金占用量低的项目

低资金占用量，是指创业从投入到产出所需的资金量比较少，在创业者可以承受的范围内。低资金占用量有两大好处。第一，成本可控。低资金占用量项目，一般来讲，科技含量低、投入小，因而船小好掉头，随时可以转产，损失也比较小。第二，在创业之初，容易筹集创业企业所需资金，使项目快速运转，好掌控，提高初创企业的存活率。

（六）选择产品生命周期长的项目

生命周期有三种类型，即产品生命周期、企业生命周期和产业生命周期。这里主要是指产品的生命周期。影响产品生命周期的因素主要有两个：一是新技术的出现，产品更新换代，老产品因技术落后而被淘汰。二是具有同样或类似功能且价格低廉的替代产品的出现。产品的生命周期是创业者选择创业项目时必须考虑的重要因素，如果产品的生命周期较短，也许还没有收回投资，就已经走向衰落了，这对创业者来说，无疑是难以承受的。投资回收较慢，产品即面临迭代，对创业者来说其风险较高。

三、大学生选择创业项目的策略

由于大学生群体的特殊性，适合大学生的创业项目要尽量能够发挥大学生的优势，以下几条建议可以作为大学生创业者在选择创业项目时的参考。

（一）首选享受政策优惠的创业项目

为了鼓励大学生创业，各级政府和行政主管部门都出台了一系列优惠政策，有些是专门针对具体行业的，如大学生创业新办咨询业、信息业、技术服务业企业，可免征企业所得税两年；创业新办从事交通运输、邮电通信的企业，第一年免征企业所得税，第二年减半征收企业所得税；创业新办从事公用事业、商业、物资业、对外贸易业、旅游业、物流业、仓储业、居民服务业、饮食业、教育文化事业、卫生事业的企业，可免征企业所得税一年。大学生创业者可以根据自身的实际情况，在这些可享受优惠的项目中找到适合自己创业的项目。

（二）初始投入资金较少，资金周转期短的项目

由于大学生创业的融资渠道较少，大部分创业大学生都是依靠父母亲友的资助和自己的积蓄作为启动资金的，且大部分学生都来自工薪家庭，获创业资金也有限。因

此，大学生在刚开始创业时，应尽量选择初期投入少、资金周转快的项目，这样才能有充足的流动现金维持企业的正常经营。同时，大学生也要避免选择一些会产生大量库存的项目。库存一多，资金周转必然缓慢，资金量的需求必然提高。如果外部市场不稳定，就会导致周转不灵，陷入倒闭的困境。

（三）避免技术性过高的项目

大学生如果没有十足的把握，应尽量避免一开始创业就进入高科技行业。因为高科技行业需要投入大量的研发成本，这对于资金较少的创业者来说是一项很重的负担，所以大学生可以先选择一些相对比较容易做的行业，在积累了一定的资本后再考虑转入高科技行业。

（四）选择处于成长期的项目，避免刚开发的新项目和完全成熟的老项目

大学生创业者一般都是20岁出头的年轻人，充满热情与激情，喜欢新事物，在创业时也往往会去选择一些刚开发出来的、毫无市场基础的项目，这样做会有很大的风险。只有当一个项目处于市场已经开发、但是现有的供应能力不足的时候，才相对适合创业者及时介入，成功的概率也相对较高。选择这些处于成长期的项目，不仅能有效降低风险，而且可以获得相对较大的利润空间。而完全成熟的项目，虽然稳当，但缺乏可观的利润。

（五）谨慎选择小众产品的项目

小众产品是指满足市场上某一类消费人群特殊需求的产品，虽然打开市场后盈利相对可观，但开拓市场极为困难，对缺少市场经验的大学生创业者来说，如没有确实的把握，应避免介入。最理想的是选择各阶层的人都需要的日常生活用品行业，这样才能迅速收回资金，例如面包店、文具店、五金店、日常用品店、杂货店等。

（六）应重点考虑有特色的项目

别人没有的、先于人发现的、与别人不同的、比别人强的项目都可以归类为特色项目。特色项目不仅可以避免陷入与同类型的竞争者同质化的困境，还可以提升产品的辨识度和认知度，拥有更高的定价空间。立志于自主创业的大学生，应该对市场的动态变化保持敏锐的触觉，时刻了解市场需求变化的方向，努力发现一些市场的空白，建立独具特色的创业项目。

（七）选择雇佣人力较少的项目

大学生创业者普遍缺少实际的管理经验，如果一上手就开始管理很多的员工，往往会使企业内部变得极其混乱。创业初期应该以开拓市场为主导，如果经常被人事工作所拖累，就不可能有大量的精力去完成其他重要的工作。因而没有管理经验的大学生创业者，可以先选择创建几个人的小企业，积累管理经验，随着企业不断壮大，自然有能力管理更多的员工。

（八）选择创业项目时要匹配大学生创业者的性格、背景及环境

在选择创业项目时，创业者会受到个人的性格、背景及外部环境等方面因素的影响。首先是自身的性格特征，如个人性格、优点和缺点、理性程度、魄力、魅力、专业专长等；其次是个人资源，如父母和自己的人脉、可筹集的资金及对创业有用的信息等能够利用的各种帮助；最后是所处的外部环境，如政策、法律、经济形势、技术的变革、市场的需求、竞争环境等。外部环境对初创企业的生存和发展影响巨大，立志于自主创业的大学生应该对自身所处环境有清晰的认知。

此外，应有备选项目。备选的项目可以按照上文"符合大学生特点的创业项目"中的建议进行挑选。把与自身有关的因素列在左侧，所有备选的项目列在右侧。两边配对分析，选出最合适创业项目（图5.1）。通过这种方法，大学生在选择创业项目时就能充分发挥自己的优势，规避自己的劣势，找到适合自己并符合市场需求的创业项目。

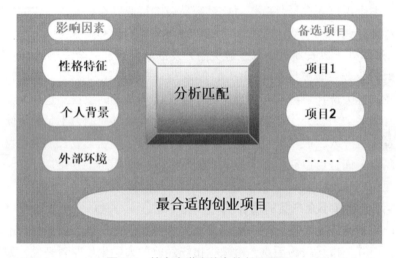

图 5.1　符合大学生特点的创业项目

选择创业，最好获得家人的支持和参与。创业并不是一个人的事情，涉及家庭等方方面面，创业活动必然会受到来自家庭的影响。家庭成员对创业的态度和看法对于大学生能否进行创业及能否坚持创业等都会有直接的影响。同时，大学生创业者在创业资金、生活保障等方面都需要来自亲友的帮助。因此，获得家人的支持是必不可少的。

那么如何才能获得家人的支持？最好的方式就是让亲友对创业活动也进行一定的参与。家人的参与可以让学生与家庭保持良好的沟通，避免创业失败带来的巨大挫败感。得到家人的支持，大学生的情感及生活就有了依靠，在创业过程中就可以减少后顾之忧，专心打造自己的事业。

大学生可以先依据自己的创业兴趣拟定几个创业项目作为备选，通过家庭会议的形式讨论每个创业项目的优点和缺点，对创业项目的可行性进行必要分析，如果意见一致，就可以直接选择创业项目。如果分歧较大，可以用项目排序法，选出最合适的创业项目。

参与的人数以5人以上为佳，除了父母、兄弟姐妹等家庭成员外，还可选择一些比较亲近的亲人或朋友参加。排序活动不必同时进行，具体的步骤如下。

第一步，为每位参与者准备几张卡片，每张卡片上都写上备选创业项目的名称及主要内容。

第二步，让每位参与者把卡片分成两堆，一堆代表优势项目，一堆代表劣势项目，每堆的卡片数量可以是任意的。

第三步，接着让参与者在优势项目和劣势项目中分别找出一些卡片放在中间，代表一般项目；

第四步，对各位参与人的选择做记录，优势项目中的项目得1分，一般项目得0分，劣势项目得-1分；

最后一步，对各个创业项目的得分进行计算，选出得分最高的创业项目，排序工作即可完成。

通过这样的方法，大学生可以更客观地选出一个合理的创业项目，并得到家人的理解和支持，也提升了创业的成功率。当然，这样的项目排序方法需在可信任且能给项目提供指导的人群中进行，作为大学生选择创业项目的参考。

第三节 创新创业项目挖掘的方法与途径

一、大学生选择创业项目的方法

（一）从需要解决的问题中挖掘创业项目

企业家约翰·加德纳曾经说过："每个问题都是一个绝佳的隐藏着的机会。"例如，因为无法在互联网上播放音频和视频，罗布·格拉泽开发出 RealPlayer 软件，创建了 RealNetworks 公司。因为无法越过公司防火墙登陆美国在线的电子邮件，比尔·巴蒂亚与杰克·史密斯开发出了网页电子邮件，成立了 Hotmail 公司。斯坦福大学的勒娜和波萨克想发情书，但他们属于不同的计算机网络，由此，他们发明了路由器，创建了思科公司。我们可以从客户的需求点着手，简单地说就是挖出生活中那些你觉得不方便、不简洁、不实在、不便宜或者说根本无从下手的难点问题，从这些难点问题出发，就有可能找到一个新的创业点。

纵观人类的历史，人类一直都是在不断地解决自己生活中的难点与疑点。冬季我们觉得冷，于是有了暖和的衣服；我们觉得工作不方便，于是发明了各种办公工具。其实整个人类的历史，就是一个不断发现问题、解决问题的历史。对于创业者来说，找到生活中的难点问题，激发一些创业灵感，恰恰是我们现代生活，特别是低起点创业者的重要出发点。这个出发点一经找到，也许创业就会走上一条顺畅的道路。从另一个角度说，如果大学生想要创业，首先需要做一个有心人，从身边的点点滴滴、不方便开始入手，找到那些能够突破的，然后一步一步地去规划、筹谋，这是走上创业道路的一个很有效的方法。

（二）现有产品的深度挖掘

寻找隐蔽的资源，对市场上现有的产品进行改进、提升、完善，将其转换成新的创业项目。例如，加藤信三是日本狮王牙膏公司的一名普通员工，因为刷牙时经常牙龈出血，就想到如何改变现有的牙刷。他把牙刷放到放大镜下观察，发现刷毛顶端是四方形的，所以他建议公司把刷毛顶端改成圆形的。结果，这一改变使新产品投入市场后销路极好，占领了全国同类产品 40% 左右的市场份额。中国的瓷器举世闻名，但中国的茶杯在欧洲市场上的销路却不是很好，日本人经过深入的调查之后，发现欧洲人的鼻子比较高，中国的茶杯不适合他们使用，于是改良现有的茶杯，设计出斜角杯，使得茶杯再次畅销。

（三）不同产品的整合

将两个不同的产品结合到一起就能产生一个新的创业项目。整合就是把我们身边不同的资源、不同的机会进行整理，然后把它们结合在一起，得到新的创业机会。很多时候，当我们将一个社会化分工进行到足够细致的时候，就会发现即使一个人有同样的需求，也会去不同的地方进行购买。其实整合在我们身边很常见，比如过去加油站就是加油站，可是现在加油站整合了超市便利店、维修店等。过去电影院就是电影院，现在电影院整合了餐饮、玩具等。冶金与绘画结合产生了铁画，医疗与食品结合产生了药膳，面条与蔬菜结合产生了蔬菜面，这些都是不同产品整合的典型。

其实整合就是把不同的事物整合在一起，最终形成新的项目。尝试创业的时候，不妨留意一下身边有没有可以被整合的资源，结合这些可利用资源去向社会提供一个全新的服务。

（四）发挥想象力

根据一个事物发挥想象，也可以发现创业项目。1987 年，美国弗吉尼亚州的两个邮递员汤姆·科尔曼和比尔·施洛特对一个小孩子手里拿的荧光棒展开了联想。最后他们想到把棒棒糖放在荧光棒的顶端，并申请了专利，卖给美国开普糖果公司。后来糖果公司又对棒棒糖展开联想，让棒棒糖自动旋转，他们的这个想象使 2.99 美元的棒棒糖在 6 年间卖出 6 000 万个。几年后，开普糖果公司的领导人约翰·奥舍离开开普糖果公司，利用这种自动旋转技术去沃尔玛寻找项目，他们联想到电动牙刷，利用这种技术生产出来的旋转电动牙刷（图 5.2）售价是宝洁公司生产的声波电动牙刷（图 5.3）售价的 1/10。2000 年共卖出 1 000 万支电动牙刷，2001 年宝洁决定收购这家公司。最终，奥舍和另外两个合伙人一共赚取了四百多亿美元。

参考案例 5-3

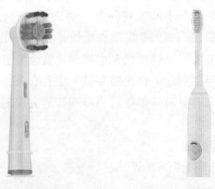

图 5.2　旋转电动牙刷　　　图 5.3　声波电动牙刷

（五）市场调查

通过调查，从市场遗留的缝隙中寻觅可创业项目。很多大企业在实现规模经济的同时留下了许多市场缝隙，一旦从中找到了合适的市场空白，就意味着发现了一个能够持久盈利的创业项目。

例如，北京中星微电子公司避开 CPU 和存储芯片等主流市场的激烈竞争，瞄准多媒体应用领域的市场空白，展开技术攻关，推出"星光一号"，占据了 PC 图像输入芯片领域 60% 的市场份额，成为这一领域的市场领导者。安徽的胡小平发现"小菜没人做，嫌进货麻烦"，便进入该行业，迅速占领市场，并创建品牌"小菜一碟"。

参考案例 5-4

日本松下电器公司的创始人松下幸之助经常收集消费者的各方面信息，有一次他无意之中听到几位买东西的家庭主妇边走边议论家用电器插头是单用的，很不方便，如果有一个多用的，能够同时插上几种电器就好了。他以敏锐的嗅觉捕捉到消费者的这一需求，回到公司当即召集科研人员，下达研制任务。不久，"三通"电源应运而生，给松下电器公司带来了新的发展机会。

海尔公司的张瑞敏经常在市场中捕捉新的机会，一次偶然机会他听到有人说现在的洗衣机特别费水、费电。他立刻赶回公司召开科研会议解决这一问题，推出新型洗衣机"小小神童"，从研发到新产品投放市场仅用 13 天。张瑞敏一次出差到四川，发现海尔洗衣机在四川的销售受阻，经过调查发现当地居民的洗衣机不仅洗衣服还洗沾满泥土的地瓜，因此洗衣机出水口经常容易堵塞。张瑞敏回去后第一时间召集科研人员研发出排水口大的洗衣机。同时，海尔洗衣机还根据区域特色进行生产，如在巴基斯坦，由于天气比较炎热，当地居民经常一次要洗 10 件大袍子，所以海尔又开发出一次可以洗 12 件大袍子的超大容量洗衣机。

二、大学生挖掘创业项目的途径

（一）从大学生的兴趣爱好入手

创业的过程往往是实现人的爱好和梦想的过程。每个人都有自己的兴趣爱好，把兴趣爱好与创业项目联系起来，成为生活的内容与生存状态，能够对自己的事业起到积极的推动作用。我国台湾地区出生的杨致远 10 岁到美国，从斯坦福大学硕士毕业后留校，结识了费罗。两人在一辆学校拖车上建起一间小型办公室，恰在这时他们迷恋上了互联网。他们每天花费数小时泡在网上，分别将自己喜欢的信息链接在一起，上面有各种内容，如科研项目、相扑信息、网球比赛信息等。开始时他们各自独立建立自己的网页，只是偶尔对彼此感兴趣的内容才相互参考。随着链接的信息越来越广，他们的网页也就放在了一起，统称为"杰里万维网导向"也就是后来的雅虎（YAHOO!）。

（二）从所学专业入手

大学生创业者可以依靠所学的学科专业，利用科学发现，寻找创业项目。美国工程师在做雷达起振实验时发现兜里的巧克力融化了。由此，他发现了新的加热方法，研制出了微波炉。大二学生比尔•休

参考案例 5-5

利特与戴维·帕卡德通过做论文《制造和评价一个可变频振荡器》发现了新技术，申请了专利，租了公寓和车库成立了"休利特-帕卡德"公司，即我们熟知的惠普公司。后期太平洋战争爆发，休利特入伍，负责太平洋部队信号设备的调查。惠普更是抓住这一机遇腾飞起来。

（三）从经验优势入手

经验优势是指创业者所具有的强项与特长，优秀与特别之处，这些都可以发展为可行的创业项目。例如，1994年，大三学生江南春和几个合作伙伴成立了永怡广告公司，到了2001年江南春发现广告代理公司的利润很低，于是他重新思考方向，最终把新目标放在商业楼宇的电梯上，成立了分众传媒，弥补了市场空白。大学生创业者可以从自己从事相关工作的经验或者自己的优势入手选择创业项目。

（四）大众传媒

可通过报纸、杂志、广播、电视、网络、展览会等发现创业项目。斯鲁特兄弟参加1997年芝加哥举行的展销会时，在一个几乎没人注意的小展台前，看到一个碗里的小球吸光了所有倒进来的水。斯鲁特兄弟发现这种由硅砂做成的神奇的小球具有很强的吸水功能，是做小猫褥垫最合适的材料。于是，他们同中国的一家硅胶企业签订了生产合同。于是，这种小球走上了生产线，迅速占领美国杂货店和大卖场。同时，他们还获得了全美宠物协会颁发的杰出技术进步奖和1999年度《小猫迷》杂志所颁发的奖励。

（五）连锁加盟领域

统计数据显示，在相同的经营领域，个人创业的成功率低于20%，而加盟创业的成功率则高达80%。对创业资源有限的大学生来说，借助连锁加盟的品牌、技术、营销、设备优势，可以以较少的投资、较低的门槛实现自主创业。但连锁加盟并非零风险，在市场鱼龙混杂的现状下，大学生涉世不深，在选择加盟项目时更应注意规避风险。一般来说，大学生创业者资金实力较弱，适合选择启动资金不多、人手配备要求不高的加盟项目，从小本经营开始为宜。此外，最好选择运营时间在5年以上、拥有10家以上加盟店的成熟品牌。

加盟是个好办法，但也需大学生创业者仔细斟酌。在面对众多加盟选择的时候，我们都会产生一些困惑和犹豫，究竟该如何选择呢？要了解这个问题，首先要弄清楚加盟到底能解决什么问题。创业是一个试错的过程，因为创业者要面对一个复杂的、陌生的世界。在这个过程里面，很多东西都是未知的、不确定的，甚至有比较强的运气因素，所以创业在很多时候也被比喻为摸着石头过河。商业模式和最开始的试错往往是重中之重，所以说创业在很大程度上是对我们的商业模式进行验证的一个过程。我们必须明白两个道理：第一，别人验证过的模式，我们再去追随的时候，风险比较小；第二，如果加盟不当，如果参与的是一个已经饱和或者过度竞争的企业，风险也是极大的。加盟要看准合适的企业，而不是为了加盟而加盟。所以加盟企业时，需要重点考虑以下几个因素：第一，看加盟的企业商业模式的成熟度；第二，看加盟品牌能提供的帮助；第三，加盟企业是否能够提供完整的操作手册；第四，选择加盟靠谱的企业。对于刚开始尝试创业的大学生来说，第一要务是防骗，这是最重要的因素。加盟时，当对方要求你打入加盟费或者要求你进行连带式的销售时，我们要格外提高警惕。因为加盟不慎，创业者将有可能走入一条不归路，这条路有可能会毁掉创业者长时间的积累，或者打击到创业者的信心，这就是加盟最关键的、最重要的一点提示。

（六）从大学生创新创业大赛中挖掘项目

这里，我们以扬州市职业大学众创空间无人机创业项目的实践为例进行介绍。通过将无人机项目与创新创业相结合，可以更好地将学生所学、所思、所想落到实处，为企业及社会培养多元化的人才。

1. 无人机项目背景——扬州市职业大学众创空间现状

扬州市职业大学是扬州唯一一所市属普通高等院校，作为国家建设类技能型紧缺人才培养试点高校，承担着服务地方经济的重要作用。为贯彻落实国家"大众创业、万众创新"的号召，通过市政府提供场地与政策支持、学校提供师生与资源、企业提供实践指导，2017年年底扬州市职业大学建成并运营众创空间。扬州市职业大学众创空间位于学校南门外的国泰大厦内，主体运营面积4 600平方米，2018年获批江苏省"大众创业万众创新"示范基地，2019年获批扬州市创业孵化基地立项、江苏省"众创空间"备案以及江苏省"科技企业孵化器"。众创空间采用"前店后院"的运作模式，以众创空间作为"前店"，以学校师资、科技团队、实验实训室、科技平台等教育教学资源和图书、网络、后勤等保障资源作为"后院"，全面对接扬州本土科技型成长型小微企业，实现学校资源和企业资源协同孵化，技术技能、科技成果、人员资源校企双方合作共享，为学校师生创新创业提供了良好条件，服务于扬州市"双创"城市的发展。

2. 无人机行业现状分析

无人机主要分为消费级无人机和工业级无人机。无人机作为"会飞的照相机"，在各行各业都得到了广泛的应用，如在个人航拍、娱乐应用等领域。工业级无人机在快递运输、地理测绘、灾难救援、新闻报道等领域得到广泛应用。而随着控制芯片与成像技术的发展，未来无人机的应用范围将更加广泛。高速增长的市场需求促使国内无人机企业不断成长，出现了如大疆、亿航、零度智控等企业，其产品类型与服务领域也日益丰富，这一切都标志着无人机行业已经进入成长期。互联网研究机构艾瑞咨询发布的报告称，截至2025年，国内民用无人机市场将由航拍及娱乐、农林、安防、电力等领域组成，其市场规模将超过2 500亿元，因此培养更多的无人机领域专业人才势在必行。

3. 无人机项目实施保障

第一，师生人员保障。项目依托扬州职业大学众创空间，从电气与汽车工程学院、机械学院中挑选成员，由对无人机有一定兴趣，参加过相应大赛，且有一定基础的同学组成团队。在项目的实施指导上，采用双导师制度，项目导师既有来自学校内部的专任老师，又有来自企业的技术专家。来自学校内部的专任老师由参加过嵌入式小车编程、无人机大赛等江苏省技能大赛的指导老师担任，是传统意义上的导师。他们将课堂上所学的专业课程知识融合在实际项目实践中，让学生看得到、摸得着。通过在项目实践中进行指导，让学生更快成长。来自企业的技术专家是无人机行业的实际从业者，通过与学生零距离接触，将无人机项目实际应用中的问题与经验传授给学生，节约项目孵化的时间成本，减少学生的盲目性和随意性。

第二，学校政策保障。学校层面政策保障是师生创新创业的基础，为保障在校师生创业，学校出台了一系列文件，突出创新创业实践在大学教育中的重要性。其中，《扬州市职业大学个性化学分制管理办法》中规定，学生参加校内外创业孵化，获得天使基金或其他基金，参加各级各类创新创业大赛获得相应奖项，参加校内外创新创业活动等，都可以获得个性化学分并可替换相应课程。《鼓励教职工、在校学生到科技产业综合体创业的管理办法（试行）》中规定学生参与创业活动可按照参与社会实践、科技创新、"大学生就业创业课程"实践等折算成相应学分，并允许学生休学创业。

第三，资金设备保障。扬州市职业大学科技创新协会在无人机、3D打印、无人小车方面有较强的技术积累，很多学生参加过无人机、机器人省市级比赛并斩获多项重量级奖项。同时，学校多次承办大型科技表演活动，积极探索新技术的行业应用方案，开展新科技的宣传与普及工作。此外，作为无人机创业项目的孵化方，扬州市职业大学众创空间为项目提供场地和办公条件以及启动经费。

4. 无人机项目管理架构

无人机项目团队采取结构化管理架构，由扬州市职业大学众创空间进行人力与物力、财力等方面的投入。扬州市职业大学众创空间还委托专业的运营管理公司对项目初创阶段的法务、工商注册、平台资源及投资等提供全面服务，解决学生的创业后顾之忧。通过让学生进行简单的无人机拼装，激发起学生对科技的兴趣，同时提供配套行业培训的支持，例如无人机农林检测技能培训、地理信息采集测绘培训等；网络部主要负责无人机项目网站的开发与运营维护，提供项目对外宣传的窗口；营销部主要负责与政府、学校、协会等部门对接，承接科普进课堂、走入社区等活动，扩大项目团队的影响力。

5. 无人机项目实施路径

无人机项目采用"学生—项目—企业"的实施路径，让学生在实践中成长，以项目为纽带连接学生与企业导师，提高学生素质，提升行业发展效率。项目服务内容如下：一是科技体验服务。以学生项目创业的形式树立专业形象，寻求中小学校方的科技展、科技进校园等活动的举办权，通过零距离传递科技的魅力，激发与引导中小学生对新科技的认知需求。二是技能培训服务。在学校众创空间指导下注册企业，利用政府、学校的扶持政策，开拓客户群体，有偿提供科技体验服务、技能培训服务，增加技能竞赛、作品展等结业考评环节，定期举办与从业者、科研人员的交流讨论会。三是项目定制服务。利用周边效应，承接学校活动、公益活动及商业活动中的航拍服务，积累项目经验，将所学知识运用到实战中，保持与时俱进，以面向未来的姿态提供最有价值的科技服务。

第四节　创新创业的风险与规避

一、创业风险的概念

创业难，守业更难。创业过程是机遇与挑战、成功与失败并存的过程，也是承担风险与化解风险的过程。一般而言，创业的收益率与风险性是成正比的，风险越大，收益越高。大学生创业是一个机会，但创业并不是一蹴而就的。大学生在创业过程中可能遇到资金、管理、市场等各种风险，因此在鼓励大学生创业的同时必须培养学生应对创业风险的心理素质和规避能力。只有这样，大学生才具有创业的能力基础，才能在艰苦的创业过程中努力克服困难，获得成功。

创业风险是指创业过程中由于遇到某些风险因素，如创业环境的不确定性，创业机会与创业企业的复杂性，创业者、创业团队与创业投资者的能力与实力的有限性等，使得创业活动偏离预期目标，最终导致创业失败的风险。创业风险就是影响创业成功的不利因素。

创业风险最主要的特点是发生的链条长，从项目选择、资金筹集、团队组建、产品生产、市场开拓到经营业务拓展，每个环节都面临着一定的风险。虽然不同的创业活动中遇到的风险可能不一样，也不能够准确预知会出现哪些风险，但可以根据风险的一般规律进行总结，做好面对风险的心态准备和防范工作，提高创业成功率。根据创业风险因素的来源，可以将风险划分为外部风险和内部风险。外部风险来源于企业外部环境，主要包括政治、经济、市场需求、竞争者、供应者、渠道商等方面。内部风险来源于企业内部的经营要素，包括人力资源、管理、技术、财务等方面。外部风险主要是由大学生不能改变的客观条件引起的，需要做好的是培养大学生积极应对这类风险的心态和灵活应对这类风险的能力。内部风险是大学生通过学习可以避免的，需要做好的是培养应对和规避这类风险的能力。根据创业风险内容的表现形式，可以将风险划分为市场经营风险、投资风险、财务风险、管理风险、技术风险、法律风险等。

二、创业的风险种类

（一）外部风险

第一，竞争风险。竞争风险是指在创业过程中由于参与市场竞争而给企业带来的不确定性或损失。在市场经济条件下，任何一个行业都存在着激烈的竞争，任何一家公司都有许多的竞争对手，独家垄断市场的局面已不复存在。大学生创业者创办的企业对于创业者来说可能是第一次，但对于社会来说并不是第一家。也许同行业的企业已经有若干家，甚至不乏"老字号"。创业者所创企业是否能站住脚，是否能竞争得过别人，要看创业者的能力和策略。竞争风险无处不在，无时不在。激烈的市场竞争，给创业过程中的企业发展带来了很大的不确定性。

第二，市场风险。市场风险指的是在大学生社会创业过程中由于市场的不确定性而产生的创业失败的风险。从根本上来说，大学生社会创业活动是在特定的市场环境中展开的商业活动，其成功在很大程度上取决于对市场的洞察。然而，根据调查显示，大学生在社会创业过程中，大多是选择技术含量较低、门槛较低的项目来进行，譬如教育培训等。此类项目的优势在于投入较低、资金风险较小，但也面临着市场竞争激烈等问题。同时，大学生由于自身能力不足，难以把握消费者的需求或需求发展方向，因而难以及时地更新产品或者服务，这样也极易导致大学生的创业失败。大部分大学生由于对市场的认知不足和决策能力较弱，往往不能正确地评估市场风险，这给他们的创业增加了更多的风险。

第三，环境风险。环境风险指的是创业过程中由于经济环境、市场环境、资源环境、法律环境等宏观环境的变化而给企业的利益带来损失。它同样贯穿于整个创业过程，尤以中、后期的表现更为突出。一旦发生，可能给企业带来致命的打击。特别是高技术产品的创新活动，由于所处的社会、政治、政策、法律环境变化或由于意外灾害发生而造成失败的可能性更大，而且这种变化，创业者自身是无法改变的。

（二）内部风险

第一，项目风险。项目是企业发展的核心，是企业在激烈的市场竞争中存活下来的决定性因素。因此，创业项目的选择至关重要。项目风险是由于在项目选择、市场定位、消费需求、项目进度安排等问题上把握不清而引起的实现项目目标的不确定性或危险。大学生因自身专业的限制和传统思想的束缚，往往选择跟专业相关的项目，认为自己在校园掌握的知识不能"白学"。但如果只凭自己的专业方向或者兴趣来选择创业项目，而不去做大量细致的实际市场调研，创业过程可能比想象的还要艰苦，甚至最终失败。另外，大学生创业的项目选择多集中在服务领域，如软件开发、网络服务、网页制作、家教中介、设计工作室等。此外，快餐、零售等连锁加盟店也受大学生创业者青睐。但这些项目并不一定能适应社会需求，大学生创业者选择创业项目时不仅要依据自己的兴趣和意愿，更要进行一系列的严密论证、细致的市场现状分析和翔实的市场调研，合理选择创业项目。

第二，管理风险。管理在创业过程中起到重要作用。创业者的管理理念、管理方式、管理水平都为企业的发展带来不确定性因素，影响企业的生存。管理风险具体体现在构成管理体系的四个部分：管理者素质、组织结构、企业文化、管理过程。要培养大学生的企业管理风险规避能力最好要从这四个方面入手。大学生创业者在社会创业过程中面临的第一个风险就是企业管理风险。这是由于经验的缺乏导致的企业管理风险。首先，大学生创业者团队组建模式的单一就是经验缺乏的表现之一。大学生社会创业团队在组建之初，往往是出于志同道合，而不是经过人力资源部门的科学招聘。这种团队组建模式的好处就是凝聚力较强，缺点是同质化。然而，企业并非一个结构单一的组织，企业的运行需要多种要素的结合，需要多种类型的人才。其次，本土化社会企业管理模式尚未形成。尽管政府开始重视社会企业的作用，并鼓励大学生进行社会创业活动，但是社会企业运行管理模式还处在探索阶段，缺乏适用于保障大学生社会创业的管理模式。大学生社会创业实践过程中，企业管理均处于摸索阶段，因此很容易由于企业管理问题而导致创业失败。大学生创业时，管理风险主要是由两个方面原因造成的，一是创业的风险评估能力较差。大学生由于自身社会阅历少、对现实情况认知不足，因此，在创业机会的把握以及在创业项目的选择方面，没有能够充分认知到项目潜在的风险，导致当创业中出现新情境时，往往不能做出准确的风险评估，这给创业带来了更多的不确定性。二是创业的风险决策能力较弱。从高校刚毕业的创业新手，他们的创业动因大多是源于创业成功的案例、学校的创业教育、各种创业比赛的激励以及媒体的炒作而燃起的创业热情。但他们并没有充分地对自身的创业能力进行全面的评估，很多人内心并没有真正了解自己为什么创业，创业的意识也不是很强烈，加之没有任何创业经验，所以，当他们的创业面临风险，需要决策的时候，往往会产生一些不理性且不全面的决策行为，这给创业带来了更大的风险。

第三，技术风险。技术风险是指创业设计向产品转化的过程中，因技术因素导致产品转化失败的可能性。这是由于创业前期企业的研发工作处于概念设计阶段，技术的可行性无法判断和确定，所以处于该阶段的创业企业即使获得了少量的风险资金支持，也往往会因为技术问题而颗粒无收，甚至血本无归。技术是"概念设计"向"创业产品"转化过程中的一个关键因素，技术的不可行性会导致设计概念无法实施，从而带来创业损失。首先，技术所需要的相应设施影响技术的适用性、先进性、完整性、可行性和可靠性；其次，对技术创新的市场预测影响技术的市场适应性、先进性和收益性。所以，创业不仅要提高企业的技术水平和科技含量，勇于创新，还要适应一定的市场需求。

第四，财务风险。财务风险是指由于多种因素的作用，企业不能实现预期的财务效果，从而产生经济损失，使企业面临风险的威胁。创业启动资金的筹备直接决定了创业能否顺利进行。现代社会，空手套白狼的创业奇迹越来越少，如果没有足够的流动资金，很可能会导致在创业初期就遭遇失败。一般的创业者在创业阶段的资金往往都比较缺乏，资金引起的财务风险普遍是创业前期的"命门"。另外，大学生更是缺乏财务分析能力，在资金管理上表现出明显的不足。一方面，非财务管理类的大多数大学生创业者往往缺乏财务管理知识和经验；另一方面，大学生新创的企业规模也比较小，不可能在财务制度建设方面投入太大的精力。加之由于没有建立系统有效的财务控制体系，创业者又缺乏财务管理的知识，那么，新创企业的财务管理将面临失控的风险。总体来说，财务风险产生的一般原因有：企业的财务管理不能根据市场环境、经济环境、法律环境等因素的改变而及时采取相应措施；企业财务管理人员对财务风险的客观性认识不足，没有及时应对财务风险的准备措施；财务决策缺乏科学性导致决策失误。因此，科学地进行财务预算与管理，合理地分配有限资金是避免资金运作不良、企业现金流中断的有效措施。

第五，团队风险。创业团队是指在创业初期，一群才能互补、责任共担、愿意为共同的创业目标而奋斗的人组成的特殊群体。一个好的创业团队对于创业成功是至关重要的，团队的高效和团结是企业成功与发展必不可少的条件。良好的团队能合理利用每一个成员的知识和技能来协同工作，解决问题，从而达成奋斗目标。而成员之间由不同价值观、个性特点等引起的冲突往往会导致团队内部分裂、企业氛围不和谐、团队工作效率降低。现代企业越来越重视团队的力量。一般创业企业在诞生和成长过程中，最主要的力量来源于创业团队。一个优秀的创业团队能使创业企业迅速发展，对创业企业的成功起着举足轻重的作用。但与此同时，风险也就蕴含在其中，团队的力量越大，产生的风险也就越大。一旦创业团队的核心成员在某些问题上产生分歧而不能达成统一，极有可能会对企业造成强烈的冲击。由于大学生的创业动因各有不同，团队成员的选择与组合具有很大的随意性和偶然性，他们初始的创业目标并不十分清晰，有的只是一个朦胧的发展方向。因此，当创业面临外界环境变化需要做出决策时，如果团队成员之间的意见不能达成一致，就很容易发生解散的风险。

三、大学生创业风险的成因分析

（一）外部环境因素

目前，我国大学生自主创业环境仍然不够完善。首先，推动大学生自主创业的政策优惠与倾斜还比较欠缺。大学生创业只能享受到小额贷款、税收方面的部分优惠；大学生创业所必需的配套措施、规章制度尚未健全。其次，地方政府部门服务意识不够，有的地方政府没有贯彻落实国家出台的鼓励大学生自主创业的系列优惠政策，有的地方政府虽然贯彻落实了，但手续烦琐复杂，能成功获得创业支持的案例甚少。最后，部分院校出于安全、管理、就业对口率等诸多因素的考虑，对学生自主创业不够重视和支持。

（二）学生自身因素

第一，盲目创业。盲目创业，是大学生创业的通病。在许多大学生看来，创业是一场比尔·盖茨式的"运动"：有了创意就能开公司，开了公司就会财源滚滚，他们对行业缺乏深度审视，对市场缺乏深刻了解。其实，创业需要理智而不是冲动，需要冷静而不是狂热。因此，对于大学生来说，对创业要持十分谨慎的态度。如果对创业所需要的各种条件考虑不周，对创业的前景不甚了解，就马上投入资金和人力物力，成立自己的公司或者企业，那么将面临很大的市场风险。因此，对创业的决策要科学，要深思熟虑，盲目决定创业将会埋下风险隐患。

第二，创业技能缺乏。创立一家公司或者企业，从无到有，从小到大，有许多需要学习和准备的地方。很多大学生创业者眼高手低，既不了解创业的相关政策法规，也没有在相关企业的工作、实践经历，缺乏创业必备的知识技能，也缺乏必需的能力和经验。这样的大学生创业无异于"纸上谈兵"，这也是很多高校的创业教育者不赞同大学生创业的原因之一。大学生一定要对行业、企业有初步的了解，具备一定的企业管理及市场营运知识，只有具有一定创业技能后才能抓住机会进行创业。

第三，融资渠道单一。资金难筹几乎是每一个大学生创业者都会遇到的难题。缺乏资金，无异于"巧妇难为无米之炊"。企业创办起来后，就必须考虑是否有足够的资金支持企业的日常运作。对于初创企业来说，如果连续几个月入不敷出或者因为其他原因导致企业的现金流中断，都会给企业带来极大的威胁。银行贷款申请难、手续复杂，如果没有更广阔的融资渠道，企业会在创办初期因资金紧缺而严重影响业务的拓展，甚至错失商机而不得不关门大吉。

第四，社会资源贫乏。创业本身是一个复杂的系统工程，市场不会因为创业者是学生就网开一面。在单纯的校园环境中成长起来的大学生，在面对社会和市场时，比有社会经验的人更容易迷失和迷茫。大学生创业的资源相对来说是不足的，大学生创业很多起始于好的创意，但是大多数学生都缺乏创业必备的技术资源、资金资源、人才资源、社会关系资源等。很多大学生创业者从事的是服务性产业，虽然技术门槛较低，但竞争非常激烈，创业更加容易失败。

第五，管理知识不足。由于长期接受应试教育，不熟悉经营"游戏规则"。部分大学生创业者虽然在技术上出类拔萃，但财务、营销、采购、广告、管理等方面的能力普遍不足。大学生有理想与抱负，但初涉商场，"眼高手低"，知识单一，缺乏实践经验，往往出现决策随意、信息不通、理念不清、用人不当等问题，对具体的市场开拓缺乏相关的经验与知识。在这种情况下，大学生创业就会遇到各种不可预见的问题，创业者很可能会犯一些低级错误，导致创业困难。

四、大学生创业风险的规避

（一）政府层面：建立"三位一体"的支持体系

社会创业活动虽然是经济活动，但其最终目的是为社会服务，解决社会问题和大学生的就业难题。如果没有政府的强力支持和帮助，大学生社会创业将难以成功。因此，政府应当建立完备的支持系统，保障大学生社会创业的成功。在政府支持中，最重要的有三点：首先，建立激励体系，主要是政府在税收、采购、公共服务的招投标等方面对大学生所创办的社会企业予以支持，尤其是需要在税收方面扶持和奖励技术创新性的社会企业。其次，成立专门的管理部门。大学生在创办社会企业的过程中必然会涉及多个部门，为更好地扶持大学生社会创业，政府应当成立专门的管理部门，沟通和协调大学生社会创业过程中的各种关系，减少大学生社会创业过程中的不必要阻力。最后，提供主流舆论系统对大学生社会创业的支持，使公众对大学生社会创业有一个正确的认识，而不是错误地认为大学生社会创业只是其牟利的手段。

（二）学校层面：完善社会创业教育体系

高校现有的创业教育体系大多围绕营利性创业活动进行。社会创业是新的创业形式，尚未引起高校的重视。因此，各类型高校应当根据实际情况，建立社会创业教育体系，服务于大学生社会创业活动。具体来说应当从以下几个方面入手：首先，重构创业课程体系。新的创业教育课程体系中应当涵括学生社会责任感的课程和创业能力养成课程两方面，前者是根本，后者是保障。其次，调整人才定位。社会创业教育的人才定位是社会企业家，也就是培养具备社会责任意识、以解决社会问题为人生目标的企业家。社会企业家应当成为新时期创新创业人才培养的新目标定位，是社会主义和谐社会建设不可或缺的部分。最后，变革人才培养方式。传统的人才培养方式是以课堂讲授为主，学生更多的是学习创业知识，这在一定程度上导致大学生的实践能力不足。因此，社会创业教育的人才培养应当以实践能力为主，特别是需要建立大学生社会创业孵化平台，帮助大学生切实提高社会创业能力。

(三) 个人层面：充分做好风险规避的准备

第一，加强创业前期的风险防范。首先，谨慎选择项目，避免盲目跟风。选择既有市场需求又符合自身情况的创业项目，这是大学生创业者必须好好掂量的。一般来说，大学生创业者既要客观地分析自身的创业条件，更要冷静地分析创业环境。立足于技术项目，尽量选择技术含量高、自主知识产权明确的项目，并在技术创新的基础上做好产品市场化工作。在选择过程中切忌盲目跟风，要做熟不做生，选择自己最熟悉、最擅长、最有经验、资源最丰富的行业来做。其次，合理组建团队，避开熟人搭伙。在风险投资商看来，再出色的创业计划也具有可复制性，而团队的整体实力是难以复制的。因此，他们在投资时，往往更看重有合作能力的创业团队，而非那些异想天开的单干者。团队对于创业是否成功至关重要，志同道合的搭档是事业成功的无价之宝。因此，组建创业团队时要考虑专业互补、能力互补、性格互补，要使组建的团队有战斗力。第三，注重实践磨炼，避免准备不足。经验不足，缺乏从职业角度整合资源、实施管理的能力，将大大影响大学生创业的成功率。要成功创业，最好先经历实践的磨炼，先利用业余时间创立一些投资少、见效快、风险小的实体，培养自立自强的创业能力与适应社会的能力，通过实践增加创业体验，熟悉社会环境，学会社会交往。同时，对创业的决策要科学，要深思熟虑，该想到的困难要想到，做到心中有数，避免决策的随意性。

第二，加强创业中期的风险防范。首先，要强化内部管理，培养骨干队伍。一个企业要想持久地保持活力，除了要有不断的创新意识、敏锐的市场观察能力外，还要有严格的管理制度。创业中期是管理风险集中爆发的阶段，而风险解决方案的核心是骨干人才队伍的建设和培养。配置核心岗位人员时建议采用"AB岗"的方式。所谓"AB岗"是指类似"书记+厂长"的方式。这样的方式可充分发挥"相互帮助、相互协调、相互监督、责任共担"的团结协作模式的长处，增强核心岗位决策和执行中的正确性，避免风险的发生。其次，要积极参与竞争，杜绝急功近利。没有春天的辛勤播种，哪来秋天的丰收喜悦。对于创业的思考来说也是一样，需要一个由小到大、由不成熟到成熟、由弱到强的过程。创业过程中，创业者要积极参与竞争，逆境中要坚韧，顺境中要冷静，作为一个大学生创业者，必须做好与风险和困难作斗争的思想准备。创业不是一件小事，应该克服急躁情绪，端正心态，采取稳扎稳打、步步为营、积小胜为大胜的策略。任何浮躁和急功近利的举动，都会对创业者有害无益，甚至会使创业者前功尽弃。

第三，要加强内涵建设，创立优良的品牌形象。创业中期，创业企业要适应市场变化，采用"内抓管理，外塑形象"的战略思想。要注重强化内涵建设，挖掘内部潜力，充分调动员工的主动性、积极性和创造性，用企业文化凝聚人心。同时，企业的经营需要实施正确的品牌经营战略，需要品牌来支撑企业的成长。企业品牌经营应以客户为中心，以不断创新的方式，用产品和服务满足客户的需求，尤其是开发客户潜在的需求，只有以独到的产品和服务满足客户需求，企业发展才有后劲。

第四，加强创业后期的风险防范。首先要建立激励机制，凝聚创新人才。人才是企业发展的关键，人力资本是企业的核心资本。创业过程中，创业者与员工承担着巨大的风险，需要彼此风雨同舟，共渡难关。创业成功后，创业者关注的是未来的更大回报，而员工更关注现在的既得利益。随着企业的扩大，新员工不断加入，他们更多的是一种职业选择，创业者需要考虑建立有效的激励机制来维系企业所需要的优秀员工。有效的激励机制既能保障老员工或合伙人的既得利益，又能真正凝聚创新人才，使企业得以稳步发展。其次要尝试权力授予，完善组织架构。创业过程中，创业者主要是通过集权来实施管理的。创业初步成功后，创业者应该尝试授权：一是管理问题变得又多又复杂，创业者不堪重负。二是员工渴望分享权力，希望得到更多的空间与舞台来发挥自己。通过把一些日常性的、非核心的工作授权给中层管理人员，创业者就可以把自己从繁重的事务工作中解脱出来，把更多的精力集中在战略性问题的思考上。同时，创业成功后，企业为了更好地发展，必须建立一整套完善的组织架构来有效地执行决策，有计划地完成企业的既定目标。企业的组织架构需要根据企业的目标和发展阶段来进行调整，创业者应该尝试围绕工作本身来进行组织完善，通过企业组织来实现自己的管理决策和管理理念。三是要逐步合理扩张，健全制约机制。创业取得初步成功后，随着企业规模的增大和实力的增强，个人追求财富的欲望膨胀，再加上市场环境日渐规范和竞争的日趋激烈，创业者执着的个性开始显示出脱离实际的倾向，企业行为也围绕着个人的喜好而波动，从而盲目扩张，造成企业不能与自身能力、市场需求相协调，这样是极其危险的，稍不注意就可能血本无归。因此，要有计划、有步骤地逐步合理扩张，建立相应的反馈机制与调控机制，健全各项规章制度，对权力进行必要的制衡，这样才能使创业企业稳步成长壮大。

第五节　创新创业项目类型

创业项目分类很广，按照行业来分可以分为餐饮、服务、零售等门类，按照性质来分可以分为互联网创业项目和实体创业项目。从观念上来看，创业项目分为传统创业、新兴创业及微创业。从方法上来看，创业项目分为实业创业和网络创业。从投资上来看，创业项目分为无本创业、小本创业、微创业等。从方式上来看，创业项目分为自主创业、加盟创业、体验式培训创业、创业方案指导创业。

一、传统创业项目

传统创业与创新创业是相对的。传统创业就是通过现有资源自己创造就业的机会，而创新创业就与传统创业有很大的不同。简而言之，传统创业与创新创业最大的不同点在于"创新"二字：传统创业是创造就业机会，这个岗位是以前所拥有的；创新创业则是利用创新因素，创造出一个之前从未出现过的行业，一种之前从未出现过的工作模式，为现有创业项目带来新的价值。

传统创业其实比较简单，无非就是生产销售或者代理销售，从中赚取利润或差价。经营模式不需要有什么创新，只是选择一个自己熟悉的行业。

创新创业是指基于技术创新、品牌创新、产品创新、市场创新、商业模式创新、管理创新、服务创新、组织创新、渠道创新等方面的某一点或几点创新而进行的创业活动。创新是创新创业的特质，创业是创新创业的目标。

创新创业的内涵是基于创新基础上的创业活动，具有开拓性与原创性，而创业强调的是通过实际行动获取利益的行为。因此，在创新创业这一概念中，创新是创业的基础和前提，创业是创新的体现和延伸。

创新创业与传统创业的根本区别在于创业活动中是否有创新因素。这里的创新不仅指的是技术方面的创新，还包含管理创新、知识创新、流程创新、营销创新等方面。

二、新兴创业项目

（一）新兴创业项目的概念

新兴创业项目是指在新兴产业里的创业项目。新兴产业主要指的是因电子科技、生物、新能源、空间、人工智能新技术的发展而诞生、成长起来的一系列新兴产业部门。世界上经济发展水平较高的国家和地区往往具有较高的创业活动水平，并且其新兴产业创业活动多、水平高。新兴产业被纳入国民经济支柱产业的重要战略地位，这会对我国未来经济格局产生重要影响。新兴产业指的是新的科研成果与技术发明，新兴产业的发展是近几年中国的一个热门话题，而利用新兴产业的创业是当前创业的主要途径之一。新兴产业的高成长性是指由于自身的某些优势（如行业领先、技术垄断和管理高效等）而迸发出潜力、具有可持续发展能力、能得到高投资回报的创业企业。在经济全球化的浪潮中，世界各国都普遍重视战略性新兴产业的发展。

根据科技部、工业和信息化部牵头组织的《战略性新兴产业目录》对战略性新兴产业重点领域方向的调整和扩展，战略性新兴产业被细化到40个重点方向下的174个子方向，包括4 000项细分产品和服务，涉及国民经济的5大领域8大产业（表5.5）。

表5.5　8大战略性新兴产业重点发展领域

产业名称	重点发展领域
新一代信息技术	电子信息核心基础产业、信息技术服务、下一代信息网络、三网融合、物联网、云计算、网络信息与安全、人工智能
节能环保	高效节能产业、先进环保技术装备及产品、资源循环利用产业
生物	生物医药、生物医学工程产品、生物农业、生物制造、生物质能
高端装备制造	航空装备、卫星及应用、轨道交通装备、智能制造装备、海洋工程装备
新能源	新一代核电技术、太阳能光伏装备和太阳能利用、风电技术装备、智能电网、其他新能源产业
新材料	新型功能材料、电子信息材料、先进结构材料、高性能纤维及复合材料、纳米材料、共性基础材料
新能源汽车	新能源汽车产品、充电、换电及加氢技术，生产测试设备
数字创意	数字文化创意、新媒体服务、设计服务、数字创意与相关产业融合应用服务

现阶段，国家大力扶持战略性新兴产业的发展，出台了一系列的优惠政策，并且提供了极大的资金辅助。这虽然在短期内让战略性新兴产业得到了跨越式发展，但却让产业内部的动力出现不足，导致一些企业严重依赖政府扶持而失去了内生动力，失去了创造性，无法适应市场竞争，导致产业结构的严重失衡。为了促进新兴产业的内部结构优化，就必须大力引进人才。而大学生在新兴产业内的创业活动则为行业发展注入了新鲜血液，为行业发展提供了动力，促进了产业结构的优化。

（二）大学生新兴产业创业现状

通常大学生除了对创业活动认知不足和对市场认知不充分及经济能力不足以外，还有以下两个方面的问题。

第一，创业教育体制缺陷。首先，大学内部的创业教育机制本身并不完善，对于学生的创业培训也大多是以讲座形式进行的，并不具备针对性。就业指导课程的缺失与高校创业体制的漏洞导致学生无法在学校获得系统的创业知识。创业活动基本靠学生自己摸索，这就极大地限制了学生在新兴产业领域的创业活动。其次，现阶段国内各大高校依然存在重理论轻实践的现象，这导致学生的实践能力和应用能力较弱。而创业活动本身的实践性较强，极为考验学生的应用实践能力，这种教学与现实的背离导致了学生创业孵化的瓶颈。

第二，行业风险困扰。正如前面所提到的，新兴产业本身就是知识技术密集、科技价值较高、发展潜力大的产业，新兴产业的发展极易受到市场波动的影响。因此，行业本身就具备一定的风险。而学生的创业行为是以市场为依托，建立在市场经济环境中的，这也就明确说明创业活动本身就充满风险。再加上受政策变动、行业发展影响，新兴产业的创业活动必然会遇到风险，如果学生在创业时不能对风险进行预测和防范，那么必然会降低创业孵化的概率。

（三）建立良好的大学生新兴产业创业培育机制

第一，建立校企政多方合作支持机制。大学生在新兴产业内的创业活动离不开学校、企业、政府以及各社会团体的扶持。因此，建立大学生创业培育机制，必须以校企政等多方合作机制的建立为前提。首先，政府层面需要为大学生进入新兴产业创业提供政策优惠，其中包括财政补贴、税收优惠、行政支持等，通过政府对新兴产业创业活动的扶持，为大学生创业提供良好的政策环境。其次，企业要积极与大学生创业团体做好对接工作。行业内的企业要为创业学生提供信息咨询与社会资源，让大学生创业能够有较好的经济环境。最后，对于高校来说，要做好大学生的培育工作。要搞好创业教育，为创业大学生提供信息支持服务，及时做好高校与企业之间的联合对接，为学生创造一个良好的创业环境。只有建立了一个立体的多方合作机制，才能够从创业政策、创业环境、创业信息等方面对大学生创业活动进行全面统筹，为大学生在新兴产业的创业活动助力。

第二，完善创业教育机制。首先，高校要完善创业教育的机制，提高对大学生创业的扶持力度。设立专门的创业课堂，对学生进行一对一的创业指导，重视对大学生创业的培育工作。其次，为了让创业教学免于形式主义，让教学贴近学生的创业现实，必须重构教学体系，对创业课堂进行改革。创业教学要根据当前的行业现状以及当前的社会发展现状来进行教学改革，既要满足学生的专业需求，又要满足现在的行业发展，为学生提供积极的创业指导。最后，学校也要重视对学生应用能力的培养。通过对课程体系和教学的改革，切实培养应用型人才，从根源上改善当前的教学环境，为实践教学打下基础，提高学生的应用能力和综合素质，为学生后期的创业活动提供支持。

第三，建设创业实践基地。通过接受学校的创业教育培养，大学生在校期间可以对自己进行准确定位，努力学习专业及创业知识，做好初步的创业规划，明确未来的创业方向及创业目标。学校可以加强创业教育基地建设，打造创业教育的实训和孵化平台，通过企业实习和实践锻炼进行创业仿真训练。同时，以高校创业项目为基础，到大学生创业园进行项目孵化，带动更多的大学生创业。当然，一些条件较好的高校可以建立独立的学生创业实践基地，甚至建立创业园区，或者也可以与企业建立长期的校企合作关系，进行优势互补、资源共享，甚至可以引进社会投资基金对大学生的创业项目进行投资。

第四，建立以市场为导向的新兴产业创业培育机制。大学生在进行创业时必须以市场为前提，在市场的指导下展开创业活动。企业的建立需要走向市场，市场是决定一个企业是否能够存活的关键。若是忽视市场，让创业者所建立的企业一直在温室中，不能接受市场的检验，那么这个企业必定无法适应当前的经济环境，会在创业的过程中夭折。因此，在进行新兴产业创业时，必须始终贯穿市场理念，让创业者认识到市场的重要性，意识到市场环境的严峻性，提高企业的孵化成功率。随着高等教育的发展，我国高校已将培养学生创业技能和创业精神作为高等教育的基本目标，鼓励学生创业、营造良好的创业环境成了高校提高自身水平的重要举措。而大学生在新兴产业的创业，对于我国新兴产业的发展有着重要的现实意义，值得大力提倡。

三、微创业项目

（一）微创业的概念

微创业是指用微小的成本进行创业，或通过利用微平台或者网络平台进行新项目开发的创业活动。由于微创业具有投资小、见效快、可批量复制或拓展的特点，正好能破解大学生创业缺资金、缺场地、缺经验的难题，被认为是改变当前大学生创业难状况的一个有益探索和尝试。

（二）微创业模式的特征及优势

2011年两会期间，全国政协委员厉以宁、陈天桥等提出"如何实现微创业梦想"提案，对创业教育理念进行了补充与完善，得到了社会、高校的普遍关注。小微企业其实早已出现在社会各行业中，因受限于传统的创业概念，微创业一直没有得到系统、全面的研究。随着微博、微信等网络平台的快速发展，微创业概念得到了新的阐释和理解。微创业及互联网中的"微（商）创业"具有以下几方面显著特点。

第一，学历门槛低、易操作，满足创业"实践化"需求。微创业对创业者的专业和技术要求不高，具有低成本、低门槛的特点，有创业意愿的人都可以开展项目实践，极大地提升了创业的可行性。据胡润研究院发布的"2017 社会大学英雄榜"，2 000 多位资产达 20 亿元及以上的企业家中，大约 50% 的人没有全日制本科或研究生学历。例如，娃哈哈集团董事长宗庆后中学毕业后便外出工作，1988 年成立杭州娃哈哈营养食品厂；万向集团董事会主席鲁冠球 15 岁便辍学，以 3 000 元创办小型乡村米面加工厂；美的集团创始人何享健小学毕业后辍学，1980 年成立小型电器厂。他们在最初的创业过程中不断学习并积累经验，培养出诚信、勤奋和务实的精神品质，不仅提升了自身的综合素质能力，也为将来企业做大做强奠定了坚实的基础。

第二，风险低、投资小，满足市场"多样化"需求。从内涵角度来看，微创业重点体现在"微"字上，风险低、成本低、场地限制小、规模小、时间花费少。因此，微创业者可以"从大处着眼，从小处着手"，利用碎片化时间进行经营和管理。创业者可以选择小型加盟店、工作室、跳蚤市场、淘宝店、微平台、课外兼职、文化创意等多种模式进行微创业，充分利用产品种类丰富的优势，满足市场多样化的需求。例如，浙江旅游职业学院烹饪专业学生，在学校创新创业政策支持下，开展微创业项目——美味教室。学生利用学校面点制作设施、设备，在课余时间制作生产一些点心，并以较低的价格卖给师生，不仅可以获得初期创业体验，也可以满足小社区群体的市场需求。

第三，传播快、可复制，满足主体"大众化"需求。随着互联网行业的快速发展，创业也搭上信息化时代列车，得到了飞速发展，微（商）创业正迅速崛起。很多有创业意向的学生，可以利用网络平台，如淘宝、微信、微博等开展微创业实践。这种微创业机制灵活、规模小、传播速度快，往往能迅速打开市场，且创业模式易复制，能在不同高校、不同社区中迅速开展，营造"人人皆可创业，人人皆创业之人"的良好创业氛围。因此，院校应积极引导大学生参与自主创业，以缓解就业压力，形成"大众化"创业新局面。

第四，易积累、便转型，满足消费"升级化"需求。随着消费领域的不断扩大与升级，消费者由被动变为主动，消费类型也由抑制性向个性化转变，许多中、外大型企业需要不断调整市场结构，改革内部体系并提高产品质量，以满足消费者的多元化消费倾向。在此过程中，很多大企业会因某些原因而转型升级不及时，最终被市场淘汰，如诺基亚、柯达等世界级企业。而微创业项目团队规模一般在 2~20 人，可针对行业变化及时进行调整与转型，满足产品品种多、小批量生产等市场需求，从而不断积累资源、人脉与资金，逐步由小项目慢慢做大做强。

（三）打造大学生微创业项目良好的建设路径

第一，完善微创业教育制度环境。各个高校应明确微创业教育的地位和作用，从多角度、全方位来完善微创业教育制度环境。如部分高校建立了学分互换制度，鼓励大学生进行微创业；目前许多高校都建立了创客空间，为学生提供微创业团队企业注册、租房、办公文印等服务；各个高校有丰富的校友等社会资源，能够共同探索微创业风投、天使基金等资金供应链，为学生提供项目融资方面的指导。

第二，打造微创业教育实践基地。目前，我国大部分高校与社会行业、企业建立了良好的校企合作关系，取得了较好的教育成效。微创业教育也应把握此契机，从社会行业中争取各类创业资源，积极主动地开展各类实践活动。如可与各个高校合作成立创业园，充分发挥园区优势，积极孵化微创业项目；各个高校应充分利用现有实训基地，结合各专业特色训练学生的动手能力，启发其创新思维，提高其创新创业实践能力；各个高校还应加深校企合作，以微创业项目的形式承接企业的部分工作，为学生提供实践锻炼机会，积累创业经验。

第三，建立微创业教育网络平台。微创业主要利用新网络媒体进行创业活动。创业者要充分了解网络媒体的重要性，用互联网思维对产品进行营销与宣传，并与消费者进行及时互动和沟通。各个高校要充分发挥自身优势，整合内外资源，对微创业学生提供多方面服务与支持。如可从微信公众平台注册、门户网站服务器、网络开发等方面积极帮助微创业学生；以免费或者租用形式帮助微创业者进行项目孵化；引入外部资源，如电商企业、网络公司等，为微创业项目提供网络资源。

第四，开发微创业教育课程体系。各个高校要根据微创业的特性与学生的能力特征，遵循发展规律，有组织、有步骤地开发微创业课程体系。如可举办创新创业专题讲座、培训以及交流会，将微创业的基础知识融入其中，让学生对创业有基本的了解；鼓励学生积极参加各种实践活动，如创业大赛、创业学院俱乐部、创业交流会等，在实践活动中积累经验，寻求微创业好项目；举办微创业项目展示活动，为学生提供展示、交流、合作、发展的机会。

鼓励学生把微创业和传统创业教育相结合，可以让学生"从做中学，从做中思，从做中进"，促进学生将初步的创业想法变成现实，并在市场的检验和反馈下不断改进，积累实践经验，为将来创业奠定坚实的基础。

任务与思考

1. 查阅资料，对创新创业的项目来源进行梳理，寻找团队可挖掘的项目。
2. 开展调研，对所在学校大学生参与创新创业比赛的情况进行调查，撰写调研报告。
3. 以所在学校为例，对目前创业成功的学生项目进行调研，并制作简单的项目汇报。
4. 以小组为单位提出创业项目，在教师指导下进行项目可行性分析。

第六章 创新创业项目路演

章节概要

路演（Roadshow）最初是国际上广泛采用的证券发行推广方式，指证券发行商通过投资银行家或者支付承诺商的帮助，在初级市场上发行证券前针对机构投资者进行的推介活动。创新创业项目的路演沿用了证券发行推广的原始定义，主要是进行创新创业项目的介绍，面向评委、观众以及意向客户或者风投机构等对象进行项目的推荐，以获得受众对项目的接受与认可作为最终目标。路演是创新创业团队与受众进行项目对接的最为直接有效的方式，路演也呈现出不同的形式。本章重点介绍创新创业项目路演的概念、实施方案与技巧。

第一节 商业计划书

一、商业计划书的定义

商业计划书是公司、企业或项目单位为了达到招商融资和其他发展目标，根据一定的格式和内容要求而编辑整理的向受众全面展示公司和项目状况、未来发展潜力的书面材料。

商业计划书是一份全方位的项目计划，其主要意图是递交给投资商，以便于他们能对企业或项目做出评判，从而使企业获得融资，助力企业快速发展。商业计划书有相对固定的格式，它几乎涵盖投资商所有感兴趣的内容，包括企业成长经历、产品服务、市场营销、管理团队、股权结构、组织人事、财务、运营到融资方案。只有内容翔实、数据丰富、体系完整、装订精美的商业计划书才能吸引投资商，让他们看懂并认可创业者的项目商业运作计划，才能使融资需求成为现实，因此商业计划书的质量至关重要。

中国企业在国际上的融资成功率不高，不是项目本身不好，也不是项目投资回报不高，而是项目方商业计划书编撰与策划能力让投资商感到失望。商业计划书的起草与创业本身一样，是一个复杂的系统工程，创业者不但要对行业、市场进行充分的研究，而且要有很好的文字功底。对于一个发展中的企业来说，专业的商业计划书既是寻找投资的必备材料，也是企业对自身现状及未来发展战略全面思索和重新定位的过程。

二、商业计划书的分类

商业计划书可分为四类，即微型计划书、工作计划书、提交计划书、电子计划书。

（1）微型计划书。一般来说，几乎每个商业理念都起始于某种微型计划。微型计划书篇幅不限，应当包括的关键内容有商业理念、需求、市场营销计划以及财务报表等，特别是现金流动、收入预测以及资产负债表。微型计划书是迅速检验商业理念或权衡潜在的合作伙伴价值的最佳途径。它也可以为拟定长篇计划书提供有价值的参考。微型计划书可以看作是商业计划书的浓缩和提炼，对于吸引投资人眼球、提高融资效率有很大影响。

（2）工作计划书。工作计划书是项目团队在一定时期内的工作计划。工作计划要求简明扼要、具体明确，不能含糊。其内容一般包括工作的目的和要求，工作的项目和指标，实施的步骤和措施等，也就是为什么做、做什么、怎么做、做到什么程度。根据需要和可能性，明确在一定时期内要完成的任务和要达到的工作指标。在确定工作任务后，根据主、客观条件确定工作方法和步骤，并采取必要措施确保工作任务的完成。

（3）提交计划书。提交计划书与工作计划书有几乎相同的信息量，但在风格上有些不同，除用语要求有所不同之外，提交计划书还应包括一些投资人所需要的关于所有竞争压力与风险的附加内容。

（4）电子计划书。在计算机应用普及的时代，电子版商业计划书以其速度快、传送便捷、形式直观、成本低廉等优势得到了广泛应用。但电子计划书更易复制和传播，不利于有关信息的保密，因此也不能完全替代纸质计划书。

三、商业计划书的基本结构

虽然企业的商业计划书不一定需要一个固定的模式，但其编写格式还是相对标准化的，这些格式涵盖了一个商业计划最需要回答的问题，得到了众多专家和实践者的公认（图6.1）。一个企业自身的商业计划和一个给潜在投资者递交的商业计划可能在形式或诉求重点上略有差异，但其实质和根本应该是完全一致的。大致来说，任何一个

图 6.1　商业计划书的参考结构

商业计划都必须仔细审视并分析描述企业的目标、所处的产业和市场、所能够提供的产品和服务、会遇到的竞争、对手的管理和其他资源、如何满足顾客的需求、长期优势以及企业的基本财务状况和财务预测等问题。至于如此重要的商业计划究竟该让谁来编制完成，主要应视企业规模的大小而定，但一般都是由企业核心成员进行研讨，必要时还可外聘专业顾问来协助进行。

（一）封面和目录

商业计划书封面看起来要既专业又可提供相应的联系信息，此外，最好能够美观漂亮，并附上保密说明，而准确的目录索引能够让读者迅速找到他们想看的内容。如图6.2是商业计划书的参考封面。

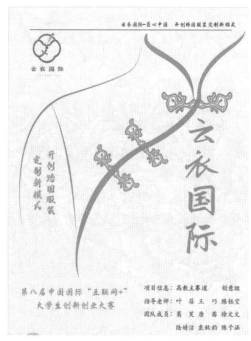

图6.2　商业计划书的参考封面

（二）执行总结

这是一个非常重要的纲领性前言，主要概括介绍企业的来源、性质、目标和策略，产品和服务的特点，市场潜力和竞争优势，管理队伍的业绩和其他资源，企业预期的财政状况及融资需求等信息。以壹只蟹苏州有限公司执行总结为例：

2018年6月，壹只蟹苏州有限公司成立，公司致力于实现阳澄湖大闸蟹的标准化养殖与销售。公司通过与昆山市人社局、苏州地方高校进行产学合作，成立了新媒体学院，为螃蟹以及相关农产品的养殖、营销、推广等环节培养乡村产业振兴所需的各种人才。公司成立行业首家中华蟹宴文化研究院，传承创新阳澄湖蟹文化，引导蟹文化输出，开展金牌侍蟹师、蟹宴艺术烹饪、蟹宴农家乐星级服务提升培训，坚持文化创新，打造"科技+艺术+

传承"的中华蟹文化体系。

公司位于阳澄湖大闸蟹核心产区。坐标东经120°39′—120°51′，北纬31°21′—31°30′，介于太湖与长江之间，拥有2 000多亩阳澄湖养殖基地。仰赖阳澄湖天赐好水，培育精选好苗，喂养天然饲料，捕捞经过200天以上精心养殖的大闸蟹。公司养殖基地内设施齐全，拥有独立完善的一体化养殖流程。通过构建产地、供应商、选蟹师、品控等环节的数字追溯系统，保证产品优于国家绿色食品标准与出口质量标准。

在五年的发展过程中，壹只蟹苏州有限公司始终积极履行社会责任，在乡村产业振兴的道路上砥砺前行，五年间累计获得"中国大闸蟹十大品牌""阳澄湖大闸蟹地理标志保护产品专营单位"等荣誉称号。公司通过"线上+线下+渠道"的销售模式适应数字经济时代的需求，销售额逐年攀升，2021年度销售额2 000多万元。公司与巴城镇政府开展合作，与当地蟹农签订长期合作协议，累计帮扶乡村59个，帮助蟹农增收2 326万元，带动返乡就业创业439人次，其中返乡大学生26名；与高校合作成立新媒体学院1家，培养乡村振兴电商人才8 000多名。本公司自成立以来，一直着力推动养殖产业"接二连三"融合发展，实现了阳澄湖大闸蟹商业价值的提升。

（三）企业/创业团队描述

对企业的历史、起源及组织形式进行介绍，并重点说明企业未来的主要目标（包括长期目标和短期目标），企业所供产品和服务的知识产权及可行性，这些产品和服务所针对的市场以及当前的销售额，企业当前的资金投入和准备进军的市场领域及管理团队与资源。以泽德科技扬州有限公司为例：

泽德科技扬州有限公司成立于2017年12月，是由一群朝气蓬勃、敢闯敢拼的青年大学生创立的科技创业公司，公司以电气自动化、机电一体化、财务会计等不同专业的学生为主体。创业团队负责人和核心成员均是央企——中国兵器曙光集团和上市公司——扬杰电子科技有限公司校企合作订单班的学生。他们在自动化领域具有较强的专业技能和研发能力，获得过江苏省第七届大学生机器人大赛"机器人自主创新综合项目"比赛冠军、第十五届"挑战杯"全国大学生课外科技作品竞赛江苏省一等奖等奖项。同时，团队成员拥有较强的实践能力和工程经验，已为相关企业开发了校重机器人、焊接机器人、点胶机器人、三维雕刻机等自动化设备。

公司组织形式为有限责任公司，注册资本为300万元人民币（表6.1）。该公司初始注册资本为300万元，其中自筹资金100万元，技术入股140万元，合伙企业入股60万元。在股权比例中，自筹资金占股60%，技术占股30%，战略投资占股10%，合计100%。

由于在创业的初始阶段，资金不足，因此有必要引进风险资金。由于PMC（可编程运动控制器）系统技术目前在国内市场处于领先地位，有乐观的市场前景，未来企业的融资计划会针对风险投资者。

表 6.1 泽德科技扬州有限公司注册资本结构

资金来源	自筹资金 资金入股	技术入股 技术入股	合伙企业投资 资金入股	合计
投资资金/万元	100	140	60	300
股权比例/%	60	30	10	100

公司在建设初运营期间，需要一定数额的资金以支持公司的日常开销，构建公司架构以及固定设备资产建设投资等活动。其中，开办费用包括注册登记费、员工招聘培训费、前期宣传费、筹建员工的工资共计 10 万元人民币；固定资产投资包括技术研发设备、场所、办公设备等共计 47 万元人民币。

（四）市场分析

描述企业定位行业的市场状况，指出市场的规模、预期增长速度和其他重要环节，包括市场趋势、目标顾客特征、市场研究或统计、市场对产品和服务的接受模式和程度等，要让投资者确信这个市场是巨大且不断增长的。以壹只蟹项目市场分析为例：

阳澄湖大闸蟹养殖市场分析

作为民生消费的刚需行业，生鲜零售行业规模有着万亿级别的市场体量，近年来，中国生鲜零售市场保持稳步增长，2020 年中国生鲜零售市场规模超 5 万亿元，生鲜产品作为我国的基础消费品之一，随着人均可支配收入和消费支出的提高，预计未来生鲜零售市场仍将保持增长态势，到 2025 年中国生鲜零售市场规模将达到 6.8 万亿元（图 6.3）。

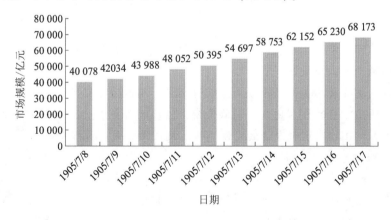

图 6.3 2016—2025 年生鲜零售市场规模

近年来，我国大闸蟹市场规模快速增长，年增速约 20%。据相关数据统计，2018 年大闸蟹产量高达 80 万吨左右，产业规模 2019 年突破千亿元，年增速约 20%。据中商产业研究院预测，到 2022 年我国大闸蟹市场规模或超过 2 000 亿元。

我国螃蟹资源十分丰富，其中以长江下游的固城湖大闸蟹、太湖大闸蟹、高邮湖大闸蟹、阳澄湖大闸蟹、蟹楼大闸蟹、兴化大闸蟹、洪泽湖大闸蟹为上品。中国市场上的大闸蟹品牌众多，但只有来自江苏省苏州市境内的"阳澄湖大闸蟹"知名度最高。

大闸蟹是河蟹的一种，河蟹学名"中华绒螯蟹"。在我国北起辽河南至珠江的漫长海岸线上广泛分布，其中以长江水系产量最大，口感最鲜美。2021年中国大闸蟹养殖产量约为82.9万吨，同比增长3.5%（图6.4）。

图6.4　2016—2021年中国大闸蟹养殖产量

受新冠疫情影响，2020年中国生鲜电商市场快速发展，生鲜电商行业规模达4 584.9亿元，较2019年增长了64.0%。随着生鲜电商的发展及模式的成熟、用户网购生鲜习惯的养成、生鲜电商用户覆盖数量愈发广泛以及技术的愈发成熟，预计未来一段时间生鲜电商仍将保持高速增长，到2023年生鲜电商行业规模将超万亿元。

（五）竞争分析

该部分应明确指出与企业竞争的同类产品和服务，分析竞争态势，确认竞争者信息，包括竞争者的身份、来源和所占市场份额，他们的优点和弱点，最近的市场变化趋势等，同时认真比较企业与竞争对手的产品和服务在价格、质量、功能等方面有何不同，解释企业为什么能够赢得竞争。以苏派旗袍的海外定制项目为例：

苏派旗袍的海外定制项目

1. 采用"国内线上+国外线下"模式

虽然国内市场上服装定制店很多，但是我们这样的"国内线上+国外线下"的商业模式还没有发现。

我们选择最物美价廉的方式来吸引顾客，国内的服装行业发展得很是成熟，我们用最好的技术制作，用低价输出，让顾客买得心仪，买得安心，而且我们相信国内有这样发达的定制市场，到国外应该也能经营成功。

2. 采用个性化的服务

我们的店采用个性化的服务，设计个性化定制模块，让顾客体验3D建模成型；设计个性化定制模块，即让客户一起参与服装的设计，以此来满足其个性化的需求，客户在服装定制过程中，通过服装展示3D建模成像模块来查看款式的效果，然后确认款式并且生成定制单。

当然，在生成定制单期间，顾客还有其他的要求，我们也将会满足，在顾客觉得完全没有问题后，我们将会用定制平台将定制单发往工厂，工厂则会依据定制单进行加工制作，距离近的顾客可以到店拿取，距离远的我们将会通过快递的形式发给顾客，然后顾客接收，由此形成一个完整的客户个性化定制过程。

3. 采用一目了然，简洁明了的网站

我们自主建立了关于定制我们服装的网站，里面的板块清晰，考虑到身材不同的消费者，我们特别细心地分别设立了几个板块：为（她）定制不同体型的旗袍，为家人定制旗袍，穿着在不同场合的旗袍。这样，消费者一进去便有清晰的目的，而不是像无头苍蝇一样这边看看，那边逛逛，这样不仅节省了顾客挑选的时间，还博得了顾客对我们店的好感，使他们变成回头客。

4. 定制方便，订单信息全

在我们店里定制旗袍，需要填写的信息很全，顾客要很详细地把自己的要求、体型、使用场合等填写下来，然后我们会按照信息进行定制，后期顾客有什么问题或者有什么要求，我们也将会第一时间与其交流，不方便来店的顾客也可以进入我们的网站将信息写进备注栏里。

5. 节假日送小礼品

因为我们是在国内定制，销售国外，我们面对的不止有外国消费者，还有一些海外华人，而且我们还了解到，外国人对我们的节日文化很感兴趣，所以，我们将在我国节假日的时候，为来店定制旗袍的顾客准备一些具有我国特色的小礼品，比如精致的小挂件、各种形状的小团扇、戏剧人物的脸谱等，这样不仅仅吸引了外国消费者，还慰藉了海外华侨们对祖国的思念之情。

由于我们店里整个体系的创新，让我们有底气去竞争，去与同行业相媲美，当然我们在与同行的竞争者一较高下的同时，也会吸取经验，完善我们的不足，力求完美。

(六) 产品和服务

列举企业当前所提供的产品和服务类型，以及将来的产品和服务计划，陈述产品和服务的独到之处，包括成本、质量、功能、可靠性和价格等，指出产品所处生命周期或开发进程，如果本企业的产品和服务有独特竞争优势，应该指出保护性措施和策略。以中小企业自动化设备定制与销售项目为例：

中小企业自动化设备定制与销售——产品服务

本公司的产品主要用于进行工业生产过程中的人工劳动取代，提升中小微企业的生产效率与智能化水平。产品的核心功能是实现在三维空间的位移以及在对应位置的动作，如抓取、焊接、点胶等常用的工序。产品基于PMC（可编程运动控制器），执行装置附加焊枪、电子吸盘、点胶装置等就可以实现目前制造业生产工序的自动化。目前公司的主营产品为点胶机器人与焊接机器人，点胶机器人在电子产品的自动包装、维修等方面具有重要的应用，自动焊接机器人能够在焊接要求较高以及恶劣的工作环境中使用，工作效率高、焊点质量高。目前主营产品在扬州及周边地区获得了成功的推广。

本公司申请多项自主知识产权的发明专利，充分显示了本公司产品的独特性、创新性和先进性，能够填补国内外行业内中小微企业非标设备的技术空白和市场空白。目前，德国博世力士乐、美国通用电气等自动化行业的领军企业都推出了工业自动化与智能化的标准，同时也具有自动化生产线的产品，产品技术先进、智能化程度高，但是缺乏针对中小微企业的非标设备研发。针对中小微制造企业进行工业自动化设备的设计，逐步实现生产线人工劳动的替代，提升中小微企业智能化水平的产业市场较大，因此公司具有良好的市场前景。

本公司开发的产品主要有校重机器人、三维雕刻机、点胶机、自动焊接机器人及自动锁螺丝机器人等系列产品。此外，我们还提供设备的维修保养，以及老化设备改造服务。目前可瑞尔科技（扬州）有限公司、扬州荣利建设工程有限公司、扬州嘉华电气有限公司、徐州四方锅炉有限公司、扬州莱达光电技术有限公司已经与我公司达成合作协议，为企业进行了部分设备的定制，产品在公司的生产过程中获得了广泛的应用。公司的产品以及主要服务商如表6.2所示。

表6.2 公司产品列表

产品形式	产品名称	合作企业	产品描述
产品	校重机器人	可瑞尔科技（扬州）有限公司等	实现电子衡器指定点的称重测试，保证产品精度，降低了人力劳动的强度
	三维雕刻机	扬州荣利建设工程有限公司等	实现模具生产的自动化，可以根据机械设计图快速制造出铝合金等材质的模具，精度高，适应企业的实际需求
	自动点胶机	扬州嘉华电气有限公司等	能够实现目前工业自动化过程中产品装配的自动点胶工作，具有速度快、点胶质量高的优势
	自动焊接机器人	徐州四方锅炉有限公司等	在锅炉焊接等领域具有广泛的应用，能根据编程的轨迹实现固定点、固定路径快速焊接
	自动锁螺丝机器人	扬州莱达光电技术有限公司	在公司进行小型计量产品、脉冲高频电源等产品的安装固定中，自动完成了电路板与课题的安装与固定
服务	设备维修保养		本系列产品在使用过程中主要是进行机械机构的保养，保持产品机构间的稳定接触与良好润滑。
	老化设备改造		可以根据新生产工艺的需求，更换执行机构，优化更新控制程序。

(七) 财务计划

本部分包括企业的实际财务状况、预期的资金来源和使用、资产负债表、预期收入（利润和亏损状况）及现金流量预测等。这部分内容是商业计划的关键部分，在制定过程中最好能寻求会计师和其他专业人士的帮助，财务预测的设想总是先于实际，所以，预测要现实合理并且可行。以中小企业自动化设备定制与销售项目为例（表6.3、表6.4）：

中小企业自动化设备定制与销售——财务计划

表 6.3　利润表

单位：万元

项目	第一年	第二年	第三年	第四年	第五年
一、营业收入	127.612 5	228.366 0	383.978 0	806.353 8	1 366.190 4
减：营业成本	85.075 0	126.870 0	191.989 0	383.978 0	767.956 0
税金及附加	0.038 0	0.685 0	1.151 0	2.419 0	4.099 0
管理费用	37.400 0	64.900 0	138.100 0	187.900 0	292.400 0
销售费用	7.000 0	17.000 0	30.000 0	50.000 0	65.000 0
财务费用	0.000 0	0.000 0	0.000 0	0.000 0	0.000 0
二、营业利润	-1.900 5	18.911 0	22.738 0	182.056 8	236.735 4
加：营业外收入	0.000 0	0.000 0	0.000 0	0.000 0	0.000 0
减：营业外支出	0.000 0	0.000 0	0.000 0	0.000 0	0.000 0
三、利润总额	-1.900 5	18.911 0	22.738 0	182.056 8	236.735 4
减：所得税	0.000 0	0.000 0	3.410 7	27.308 52	35.510 31
四、净利润	-1.900 5	18.911 0	19.327 3	154.748 28	201.225 09
减：法定盈余公积	0.000 0	1.891 1	1.932 73	15.474 828	20.122 509
可供分配的利润	0.000 0	17.019 9	17.394 57	139.273 452	181.102 581
加：年初未分配利润	0.000 0	0.000 0	13.619 0	27.534 0	138.953 0
减：向投资者分配利润	0.000 0	3.404 0	3.479 0	27.855 0	36.221 0
年末未分配利润	0.000 0	13.616 0	27.534 0	138.953 0	283.835 0

表 6.4　资产负债表

单位：万元

	第一年年末	第二年年末	第三年年末	第四年年末	第五年年末
资产					
流动资产：					
货币资金	154.720 0	267.920 0	452.060 0	864.760 0	1 689.020 0
应收账款	6.380 0	11.410 0	19.190 0	40.310 0	68.300 0
减：坏账准备	0.250 0	0.300 0	0.610 0	1.120 0	1.700 0
应收账款净额	6.130 0	11.110 0	18.580 0	39.190 0	66.600 0
存货	0.000 0	0.000 0	0.000 0	0.000 0	0.000 0
流动资产合计	160.850 0	279.030 0	470.640 0	903.950 0	1755.620 0

续表

	第一年年末	第二年年末	第三年年末	第四年年末	第五年年末
固定资产：					
固定资产原价	44.500 0	50.000 0	80.000 0	150.000 0	300.000 0
减：累计折旧	1.300 0	2.500 0	5.500 0	7.300 0	8.600 0
固定资产净值	43.200 0	47.500 0	74.500 0	142.700 0	291.400 0
无形资产	110.000 0	110.000 0	110.000 0	110.000 0	110.000 0
减：累计摊销	3.000 0	10.000 0	20.000 0	23.000 0	35.000 0
无形资产净值	107.000 0	100.000 0	90.000 0	87.000 0	75.000 0
非流动资产合计	150.200 0	147.500 0	164.500 0	229.700 0	366.400 0
总资产合计	311.050 0	426.530 0	635.140 0	1 133.650 0	2 122.020 0
负债及所有者权益					
流动负债					
应付账款	26.170 0	46.200 0	101.110 0	165.210 0	259.300 0
应交税费	0.000 0	0.000 0	0.000 0	0.000 0	0.000 0
流动负债合计	26.170 0	46.200 0	101.110 0	165.210 0	259.300 0
负债合计	26.170 0	46.200 0	101.110 0	165.210 0	259.300 0
所有者权益					
实收资本	300.000 0	300.000 0	300.000 0	300.000 0	300.000 0
盈余公积	-0.190 0	1.890 0	1.930 0	15.470 0	20.120 0
未分配利润	22.140 0	78.440 0	232.100 0	552.970 0	1 169.880 0
所有者权益总计	321.950 0	380.330 0	534.030 0	868.440 0	1 490.000 0
负债及权益总计	311.050 0	426.530 0	635.140 0	1 033.650 0	2 122.020 0

（八）附录

这部分应附上关键人员的履历、职位，组织机构图表，预期市场信息，财务报表及商业计划中陈述的其他数据资源等。以中小企业自动化设备定制与销售为例：

中小企业自动化设备定制与销售——组织机构

根据公司发展的不同阶段，不断完善组织结构。创建初期由于企业业务规模不大，设置研发部、销售部、人力资源部、工程与售后部、财务部等5个部门（图6.5），就能保证公司的正常运营。由于公司初期人员较少，因此只设置5个部门并统一由总经理管理，这样工作任务能够较为明确，并能够起到高度决策的作用，为公司后期的发展做好铺垫。后期会进行部门及分工的细化，确保公司在扩大业务规模的同时依然可以有条不紊地经营发展。

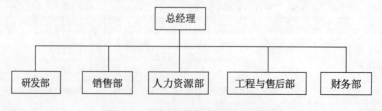

图6.5　公司创建初期组织的构图

四、商业计划书的撰写规范

（一）商业计划书的摘要

商业计划书摘要是风险投资者首先要看到的内容，它浓缩商业计划书的精华，反映计划的全貌，是全部计划书的核心。它必须让风险投资者有兴趣并渴望得到更多的信息。商业计划书的摘要篇幅一般控制在1 500字左右，主要包括公司概述、研究与开发、产品或服务、管理团队和管理组织情况、行业及市场、营销策略、融资说明、财务计划与分析、风险因素、退出机制等几个方面的内容。

（二）公司或者创业团队概述

介绍公司过去的发展历史、现在的情况以及未来的规划。具体而言，主要有公司简介、公司宗旨、公司历史沿革、股权构成及股东背景、协作及对外关系、荣誉与资质等。

（三）公司的研究与开发

介绍投入研究开发的人员和资金计划及所要实现的目标，主要包括技术储备与科技资源、公司后续研发项目计划（在研项目）、知识产权形成与归属、困难与风险。

（四）产品或服务

创业者必须将自己的产品或服务向风险投资者做比较通俗易懂的介绍。介绍主要包括下列内容：主要产品/服务介绍、产品/服务的创新内容或独特性、与国内外产品（技术）性能比较及优势分析。主要产品/服务介绍主要讲明创新性、差异性（服务）和可应用性、是否已经市场化、离成熟市场还有多远、面临的挑战；产品的类别、功能、应用领域；产品所处状态是实验室、小批量，还是已经产业化。

服务：类别及服务经验。

产品/服务的创新内容或独特性包括：产品或服务的任何独一无二的特性，国内、国际领先技术诀窍、秘方，这些特征将如何创造出或附加上重要的价值。如给人们带来工作、生活方式的改变，大大降低成本，提高效率等。

国内外产品（技术）性能比较及优势分析包括：同类产品性能指标对比（列表）；在行业中获得有利或牢固地位的领先优势；是否具有"压倒性"优势，如专利、专用技术，是否填补市场空白或具有竞争者和行业专家认可的突出优势。

（五）商业计划书编制要点

1. 撰写方面的要点

① 文字排版整洁性，标题、正文字体、字号统一规范。

② 精练的项目摘要，突出亮点，快速打动人心。

③ 文字表达逻辑清晰、论证充分有力，前后表达一致。

④ 图表胜于文字、标题重点胜于段落文字，图文并茂，表达生动，互相呼应。

⑤ 尽可能收集有效的数据作为支撑，来源可靠，关键数字准确。

⑥ 重要内容不要有缺失，要突出重点，避免堆砌、充凑篇幅。

2. 内容方面的要点

① 行业背景分析有针对性，找准行业痛点。

② 项目定位清晰，解决方案具备创新性及核心竞争优势。

③ 优秀的创业团队与项目领域相契合。
④ 财务预测符合行业及项目的实际情况。
⑤ 项目论证有效，论据充分真实。
⑥ 项目得到验证，具有良好的经营业绩和未来行业前景。

第二节　项目路演 PPT

一、项目路演 PPT 概述

路演 PPT 是项目路演的重要工具，是观众了解项目最为直接有效的方法之一。路演 PPT 作为项目路演的道具，必须在短短的 5~10 分钟内引起台下投资人的兴趣，因此，简洁、清晰、有力是制作路演 PPT 必须遵循的原则。路演 PPT 必须阐述的三个内容包括：你们是谁？（团队组成）；你们在干什么？（需求/痛点、解决方案、产品、商业模式）；为什么选择你们？（市场前景、核心竞争力、运营数据等）。以上顺序可以调整，但是这三项要素必须包含在内。

二、如何制作项目路演 PPT

PPT 制作者要能够让评委与受众了解以下核心问题。首先，经验证确实存在或具有强说服力的需求/痛点，且有足够想象空间；其次，要有门槛/壁垒，别人无法轻易模仿，适合发挥优势；最后，需要多专业人才与互补型团队，核心人员长期共事并彼此信任，具有拼劲。最好用真实销售或业务数据证明以上三点。如果项目处于初始阶段，没有数据，要看项目要求和团队能力的匹配度。整体 PPT 对于项目的描述要做到项目陈述可信任、项目效益可量化、项目模式可推广。

（一）PPT 的整体风格

PPT 的整体风格要清晰、突出。路演 PPT 要根据项目的特点具有相应的风格，同时，路演 PPT 的颜色配置一般不应超过三种。如第四届全国"互联网+"大学生创新创业大赛金奖项目"90 后女孩有点'田'"项目 PPT 采用了以绿色为主的色调，契合项目的主题（图 6.6）。

图 6.6　90 后女孩有点"田"项目 PPT

（二）主题鲜明

好的 PPT 首页就要表达出鲜明的主题，吸引网评评委的注意力，体现出项目的特色。PPT 的第一页要让评委"一见钟情"，让评委产生看下去的兴趣。PPT 所展示的项目主题要能够突出本项目的定位、优势、特色，能够让观众对项目的信息有充分了解，如图 6.7—图 6.9 所示。

图 6.7 云衣国际项目 PPT 首页

图 6.8 大禹项目 PPT 首页

图 6.9 蟹团长项目 PPT 首页

(三) 定位精准

好的 PPT，内容一定要定位准确，找到细分市场需求，精准定位细分客户，切记不要做功能的罗列，不要说适合所有的客户，如图 6.10—图 6.11 所示。

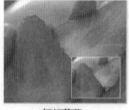

图 6.10　90 后女孩有点"田"项目定位

图 6.11　蟹团长项目定位

(四) 逻辑清晰

好的 PPT 一定要有清晰的商业逻辑、业务逻辑与呈现逻辑。呈现逻辑要清晰，应紧密围绕主题，避免出现逻辑嵌套，可以借鉴"金字塔原理"来表达（图 6.12）。

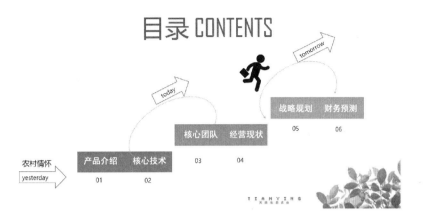

图 6.12　天英生态农业项目的项目逻辑

（五）内容丰富

网评时，创业者是没有机会见到评委的，所以一定要将想表达的内容在 PPT 中充分体现出来，避免出现一页一句话、一张图等模式。（大量图表，字不如图，图不如表；大量验证材料，做到项目可信。）如图 6.13—图 6.15 所示。

图 6.13　天英生态农业项目的技术背书与认证

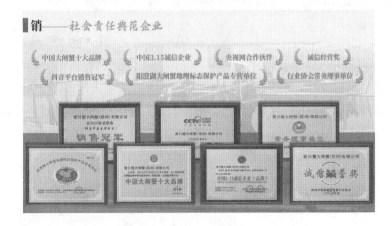

图 6.14　蟹团长项目市场认可

竞品分析——技术优势

技术参数 产品	价格(元)	整机功率(w)	触发时间(S)	响应速度(S)	极限真空度(kpa)	流量(ml/s)
德国拜耳生物科技(德康)·德国	6390	10	0.25	0.7	-45	15
Stryker(PrimaFit)·美国	14200	25	0.3	0.8	-40	20
コンビウェルネス(康贝)·日本	10230	15	0.15	0.6	-50	18
努尔康医疗科技(尿宝)	1899	15	0.1	0.2	-60	21

耗电少　抽尿快　流量大　性价比高　可替代进口

图 6.15　尿宝项目竞品分析

（六）结尾有力

好的 PPT 一定要有一个好的结尾。人们在看或听一个报告时，通常只会记住高潮与结尾部分。虽然评委一直在用左脑的逻辑来听前面的内容，但最后，需要打动的是评委的右脑，因为评委会做理性的选择。在 PPT 的资料中，好的结尾与好的开头同样重要，甚至更为重要。那么，什么样的结尾有力？要用精简的话强调项目的价值点或愿景，如图 6.16—图 6.17 所示。

图 6.16　杜仲精粉及相关产品产业化开发项目结尾

图 6.17 "大柴湖"变"大财湖"的青春力量项目结尾

三、项目 PPT 的加分项与减分项

（一）项目 PPT 丢分陷阱

丢分陷阱 1：用公司名字，而不是项目的名字。尽量不要以公司的名称来定义项目，要用项目的名称。

丢分陷阱 2：所做的行业与市场分析与项目的相关性不强，前面分析过的问题，在后面展示的产品中没有得到解决。

丢分陷阱 3：要避免项目路演 PPT 制作粗糙，排版随意，甚至出现错字；减少过多的动画，对于一天要看几十个项目 PPT 的评委来说，过多动画在网评环节是不受欢迎的。

丢分陷阱 4：避免项目路演 PPT 中出现参加其他赛事时用的字样，这会让评委感到不被重视。

丢分陷阱 5：避免项目路演 PPT 内容过多、逻辑混乱、重点不突出。

丢分陷阱 7：在网评环节，项目路演 PPT 只有图片陈列，没有相关文字说明与交代，不利于评委充分了解项目内容，这对于网评来说是不利的。

丢分陷阱 8：站在自己的视角，而不是评委的视角准备项目资料。理解网评与现场路演的不同之处，要学会站在网评评委视角审察项目资料内容，了解评委阅读项目资料的重点。

丢分陷阱 9：没有做过网评的模拟训练，直接提交资料，可能会让项目资料存在不适合网评的情况。提交项目资料前，可以进行网评模拟路演，即在无人解说播放项目资料的情况下，发现项目资料在内容与形式上存在的不足。大众评审是一种比较适合网评模拟的方式。通过大众评审工具，让更多的老师与参赛团队参与网评评审，可以快速得出项目目前阶段的实际平均分，发现不足，及时完善。

丢分陷阱 10：有硬伤。如错误的数据，知识产权归属不清，有民族歧视、性别歧视等。

丢分陷阱 11：缺少一个简单表达谢谢的结尾页。评委需要被打动或感动，不要浪费有价值的最后一页。

（二）项目 PPT 加分项

加分因素 1：项目名称有特点，既能反映项目内涵，又能给人留下深刻印象。

加分因素 2：首页主题清晰，有吸引力。

加分因素 3：项目路演 PPT 制作专业、美观、用心。

加分因素 4：项目价值、意义、市场潜力说明到位，有力度、有翔实数据，具有打动力。

加分因素 5：项目与学校特色、专业特色结合会有加分可能，让你的学校与专业为项目背书。

加分因素 6：项目如果由科研成果转化而来则会有加分可能，因为目前国家大力鼓励高校科研成果通过大学生创新创业进行转化。

加分因素 7：项目指导老师的良好资质、背景会有帮助，如院士、重点实验室负责人、科研成果拥有人等。

加分因素 8：项目产品服务有明显的功能、性能与市场优势会有加分可能。

加分因素 9：项目产品服务与竞争对手相比有明显优势会有加分可能。

加分因素 10：项目如果已经实现收入，并有较好成长预期会有加分可能。

加分因素 11：项目团队的介绍要体现出与创业项目的强相关。

加分因素 12：项目如果已经有投资轮，要做清晰说明，会有加分可能。

加分因素 13：项目路演 PPT 的结尾要有打动力，争取最后能够给评委留下深刻印象。

第三节 项目路演注意事项

一、路演环节要求

选择一个合适的路演人，因为路演人的选择对于整个参赛项目是非常关键的。一个形象气质佳、口齿清晰的路演人是一定可以帮助大赛锦上添花的。同时，路演人的状态及路演人对整个项目全方面的了解至关重要，而且他还要对整个项目所在的行业及市场有一定的了解。

在台上，路演人不仅代表个人，更多的是代表整个参赛的项目，路演人口齿要清晰，不能因为紧张造成不必要的卡顿。路演一定要有逻辑顺序，不能完全按照提词器或者演讲稿进行背诵，这是进行项目路演最大的忌讳。路演的具体参考要求如下。

（一）仪表方面

男士的衣着：西装，素色衬衫，领带颜色应与西装搭配协调；头发整齐、利落，前发不附额，侧发不掩耳，后发不及领；着深色袜子和深色皮鞋，保持干净。

女士的衣着：套装为宜，要符合身份；要化妆，淡妆为宜，自然且不露痕迹，头发整齐、利落，不可遮住脸部，长发不要随意散开；着肤色袜子，不可有花纹，鞋子应不露出脚趾和脚后跟，黑色为百搭，首饰不要太多。

（二）声音方面

发言时音量不能太大、太尖锐，也不能太小。一开始就要迅速观察最远的听众，如果他们露出困惑的表情，身体前倾或者以别的方式表明他们听得很费劲，那么就需要提高音量。发言的音调和频率要根据内容和情景来变化，以营造富有热情和活力的气氛，还要做适当的停顿，让听众能有喘息的时间。

（三）形体方面

站姿：永远要面对听众，避免出现"死亡角度"。双脚：两脚间距同肩宽，勿过大或过小。表情：自然放松，真心微笑，忌呆滞。手势：多用手掌少用手指，充分伸展，忌检阅式、受伤式、遮羞布式。移动：在开放的空间不断走动，有效地贴近听众，勿背对听众。

二、答辩环节要求

由于评委对于创新创业项目经验较多，同时也具有深厚的专业知识，他们大多会提出一些路演答辩选手认为的尖锐深刻甚至难以回答的问题。这对答辩人提出了很高的要求。答辩人除了要求具备较深的文化修养和专业水平以外，还需要思维敏捷、口齿伶俐。发言人是企业形象的化身，除了在外表形象的设计上要下一番功夫外，言谈举止都必须给人以礼貌真诚的感觉。

发言人要做到五要：一要坦诚，二要主动，三要讲大局，四要有技巧，五要遵守答辩制度。

大学生创新创业项目评委一般会对项目的创新性、实践性、公益性、项目团队进行全面的考核。评委可能会考核的问题与要点主要包括以下几个方面。

（一）创新性方面

（1）项目有哪些创新？创新成果如何（商业模式、运营模式、营销推广等）？
（2）项目产品是自研吗？做它的动机是什么？
（3）和以往的产品/竞品比，差异在哪/区别是什么？
（4）相同的东西，别人多久会做出来？
（5）客户的哪个需求是别人没满足，但是被你们满足了的？
（6）如何保障项目持续增长？
（7）产品的应用场景有哪些？和其他产品相比好在哪里？
（8）专利相关：取得了哪些专利？核心专利是什么？专利所属是谁？专利的第一作者是谁？专利获得授权了吗？如何保护技术的专利？

（二）商业性方面

（1）产品的需求经过调研吗？具体调研数据如何？
（2）项目有多大的把握做成？有哪些资源支持？
（3）项目的核心优势/核心竞争力是什么？产品的核心技术是什么？

（4）项目的收入来自哪里？财务报表的制作依据是什么？

（5）项目的营销策略是什么？目前在哪个渠道（价格、销售、推广、渠道、文化、故事等）取得了成效？

（6）销售额最高的是哪个产品？利润额最高的是哪个产品？

（7）哪个产品和服务的收益可复制？

（8）之后几年如何保障持续增长和稳定收益？

（9）覆盖了多少客户？客户是否有复购？是否愿意为你们推广产品？转化率多少？

（10）产品成本构成如何？收益是否覆盖成本？

（11）和某某客户合作到什么程度？有考虑和市场龙头厂家合作吗？

（12）市场上还有谁在做同类项目？你们的优势在哪里？

（13）市场规模多大？是如何估算的？

（14）融资及出让股份是怎么算的？

（15）融资的钱主要用于哪些方面？

（16）项目目前处在什么阶段？做到什么程度了？项目何时盈利？何时收支平衡？现在盈利如何？

（17）是否成立公司？是否交税？是否发工资？

（三）项目团队方面

（1）项目团队有多少人？具体分工如何？

（2）团队的决策机制是怎样的？

（3）举例说明各个团队成员在项目中的贡献度。

（4）介绍一下团队成员/主力成员。

（5）团队成员是相关专业的吗？

（6）在这个项目中你负责什么？参与项目多长时间了？

（7）你的项目团队有哪些优势？在项目中是怎么体现的？

（8）团队具备的资源和能力是否能支撑项目后续发展？

（9）项目的权益结构和股权结构是怎样的？

（10）外部专家等对项目的支持情况如何？

（11）毕业后你们还会做这个项目吗？

（四）公益性方面

（1）这个项目的公益性体现在哪里？

（2）这个项目服务了多少人？多少人从中受益？

（3）如何让更多人从项目中受益？

（4）项目的服务模式是怎样的？有何优势？

（5）项目落地过程中有风险/阻力吗？如何克服？

（五）可持续性方面

（1）如何解决项目持续发展中的资金和人员问题？

（2）项目是否能复制到其他地方？是否具有示范效应？
（3）项目是否形成了成熟的运营模式？若有，具体是怎样的？
（4）项目的可持续性具体体现在哪些方面？
（5）如何确保项目能持续运营下去？

（六）实效性方面
（1）项目对当地的贡献是什么？
（2）项目进行前后，当地最大的改变是什么？有无数据证明？
（3）当地人是如何评价你们的？
（4）引入了哪些社会资源？

（七）引领教育方面
（1）请谈一谈在校期间你是如何想到要做这个项目的？
（2）做这个项目的过程中，你最大的收获和成长是什么？
（3）做这个项目的过程中，你应用了哪些所学知识与技能？解决了什么问题？
（4）团队成员都是哪些专业的？有何特长？

（八）带动就业方面
（1）项目中直接就业和带动就业的数字是怎么算出来的？
（2）目前有多少员工？
（3）项目能间接带动多少人就业？带动的是哪些人？

任务与思考

1. 总结商业计划书的构成要素，并分别用一到两句话对各个要素进行描述。
2. 以小组合作的形式，撰写一份完整的商业计划书。
3. 以小组合作的模式，制作一份路演 PPT。
4. 完成项目路演，并进行答辩评分。

第七章 创新创业案例综述详解

章节概要

双创大赛中，优秀的创新创业项目必须符合国际发展潮流、国家战略发展需要，立足行业需求，切实解决现有痛点，创造性地提出自己的产品或解决方案，讲述清楚产品功能、性能参数、产品技术及实际应用场景，通过竞品分析对比突出本产品所具有的优势。在此基础上，通过对产品的市场分析、商业模式分析、财务分析、项目管理进度分析、团队分析、投融资分析及资金使用情况分析、风险分析及附件材料展示来对项目进行深度的解读，并形成文字材料。本章为系统阐述创赛项目整体的撰写要点及其框架内容提供了一定的借鉴。

第一节 项目概述

一、项目概述的要求

在创赛项目中，项目概述一般建议放在封面之后。通常，在项目推介或材料的评审过程中，投资人很难——查阅所有内容。项目概述作为整个项目计划的概述性内容，需要高度凝练、概括，能够快速地讲清楚自己的项目、产品，第一时间引起投资人或项目评委的兴趣。

二、项目概述的内容

项目概述可分为三个层面来进行阐述。第一个层面是阐述项目背景，主要包括4点：① 结合世界发展趋势来进行阐述，要求有图有表有数据，能够强有力地展现未来发展方向或上升趋势；② 结合我国创新发展战略的实际需要，阐述项目的可行性、未来的发展前景与趋势，即为什么要从事该行业，从事该行业领域的前景；③ 从区域发展的角度出发进行微观角度的细化分析；④ 从实际项目出发对项目的基础现状分析得尽量详尽一些，特别是已经尝试或取得一定成果的项目，更应该把这些情况作为主要的内容。第二个层面是阐述市场的现状、市场中存在的痛点以及其典型产品的优劣，

参考案例 7-1

从而引出本项目或相应的解决方案。第三个层面是对本项目现阶段成果的概述，一般包含现阶段取得的成果、项目合同、意向合同、合作公司、项目报道、知识产权布局、科技查新报告等相关内容，总结升华自己的项目初心、情怀与愿景。

第二节 项目框架结构解析及撰写

项目概述是整个项目计划书的引言，而整个项目计划书是一个全方位的项目计划，需要详尽考量。一般来说，一个优秀的商业计划书可以从项目背景、产品介绍、市场分析、商业模式、财务分析、项目管理进度、团队介绍、投融资分析及资金使用情况、风险分析、附件资料等多方面来进行阐述。只有内容翔实、数据丰富、体系完整、条理清晰的商业计划书才能够让投资商信服，对项目产生信心。

一、项目背景框架内容概述

项目背景介绍一般可从以下四个方面进行。

（1）国际背景环境。可以从政策、需求和事件三个角度中的任一角度进行阐述。需求角度指需求的旺盛导致供给端不足，形成巨大的需求市场。政策角度一般是指政府的大力推动，通过强有力的红利政策推动某一行业发展，是从上至下的推进。事件角度一般是由相对极端的事件引发的一系列反应，从而带来某行业或产品的需求，形成相应的解决方案或产品。

（2）国内背景环境。一般也从需求、政策和事件三个角度叙述，这样的趋势环境在我国的适应力，项目是否能够紧跟潮流，有没有适生的土壤环境。

（3）区域背景环境。国情是复杂的，区域分布是不均衡的，逐层逐级下来，对区域的背景环境进行分析，论述自己的项目在区域的可行性。

（4）从自身出发阐明创始人为什么要做这个项目，其初心和目标是什么。

二、产品介绍内容撰写

项目产品是针对与市场上现存产品的痛点或没有这样的产品而提出的新想法、新思路、新点子，且其产品和提出的有效解决方案不会带来新的问题。一般来说，好的产品，如果是新工科类项目，一般会有技术支撑，则应叙述其产品的技术优势。其中，企业的技术优势是指企业拥有的比同行业其他竞争对手更强的技术实力及其研究与开发新产品的能力。这种能力主要体现在生产的技术水平和产品的技术含量上，并通过知识产权保护、查新报告、科技查重、学术文章、行业大咖进行背书，能对其产品的功能、性能优势等提供有力支撑。

三、市场分析研究

市场分析是对市场规模、位置、性质、特点、容量及吸引范围等进行的经济分析，主要目的是研究商品的潜在销售量，开拓潜在市场，安排好商品在地区之间的合理分配，以及企业经营商品的地区市场占有率。市场分析的作用主要表现在两个方面：一是企业正确制定营销战略的基础。企业的营销战略决策只有建立在扎实的市场分析基础之上，只有在对影响需求的外部因素和影响企业购、产、销的内部因素充分了解和掌握后，才能减少失误，提高决策的科学性和正确性，从而将经营风险降到最低限度。二是实施营销战略计划的重要保证。企业在实施营销战略计划的过程中，可以根据市场分析取得最新资料，检验和判断企业的营销战略计划是否需要修改，以及如何修改来适应新出现的或企业事先未掌握的情况，从而保证营销战略计划的顺利实施。只有利用科学的方法去分析和研究市场，才能为企业的正确决策提供可靠的保障。

总的来说，市场分析是对市场供需变化的各种因素及其动态、趋势的分析。分析过程是：① 搜集有关资料和数据，采用适当的方法，分析、研究、探索市场变化规律；② 了解消费者对产品品种、规格、质量、性能、价格的意见和要求；③ 了解市场对某种产品的需求量和销售趋势，了解产品的市场占有率和竞争单位的市场占有情况；④ 了解社会商品购买力和社会商品可供量的变化，并从中判明商品供需平衡的不同情况，为企业合理安排生产、进行市场竞争提供重要依据。

一般来说，我们可从市场的体量方面，用直观数据量化全国市场、区域市场的规模。通过官方数据与权威媒体报道验证数据的真实性，注明其来源，增强其可信度，并通过数据对未来市场进行有效的分析，得出可行性结论。同时，对竞品市场进行分析，做到知己知彼。

四、商业模式解析

商业模式是指一个企业满足消费者需求的系统，这个系统组织管理企业的各种资源（资金、原材料、人力资源、作业方式、销售方式、信息、品牌和知识产权、企业所处的环境、创新力，又称输入变量），生产具有市场优势的产品。在项目计划书中，商业模式的阐述就是要说明项目产品是什么、如何实现盈利，通过阐述清楚项目的第一个客户、典型客户群体、最典型的项目应用场景及项目的盈利点（一次性销售、分期购买、租赁、耗材等）、推广方案及措施、销售路径成功案例等来讲清楚项目的商业模式逻辑。

五、财务分析核算

财务分析是以会计核算和报表资料及其他相关资料为依据，采用一系列专门的分析技术和方法，对企业等经济组织过去和现在的有关筹资活动、投资活动、经营活动、分配活动等进行分析与评价的经济管理活动。它可以为企业的投资者、债权人、经营者及其他关心企业的组织或个人了解企业过去、评价企业现状、预测企业未来提供准确的信息或依据。

项目计划书中一般包含三大报表：资产负债表（表7.1）、现金流量表（表7.2）、利润表（表7.3）。资产负债表是反映企业在某一特定日期的财务状况的报表；现金流量表是反映企业在一定会计期间现金和现金等价物流入和流出的报表；利润表是反映企业在一定会计期间经营成果的报表。对于初创型企业来说，投资人对财务报表相当重视，一个具有潜力的高成长性公司，其企业的经营状况一定是良好的。

表 7.1 资产负债表

单位：元

资产	行次	2021年初余额	2021年末余额	负债和所有者权益	行次	2021年初余额	2021年末余额
流动资产：	1			流动负债：	39		
货币资金	2			短期借款	40		
交易性金融资产	3			交易性金融负债	41		
衍生金融资产	4			衍生金融负债	42		
应收票据	5			应付票据	43		
应收账款	6			应付账款	44		
应收款项融资	7			预收款项	45		
预付款项	8			合同负债	46		
其他应收款	9			应付职工薪酬	47		
其中：应收利息	10			应交税费	48		
应收股利	11			其他应付款	49		
存货	12			其中：应付利息	50		
合同资产	13			应付股利	51		
持有待售资产	14			持有待售负债	52		
一年内到期的非流动资产	15			一年内到期的非流动负债	53		
其他流动资产	16			其他流动负债	54		
流动资产合计	17			流动负债合计	55		
非流动资产：	18			非流动负债：	56		
债权投资	19			长期借款	57		
其他债权投资	20			应付债券	58		
长期应收款	21			其中：优先股	59		
长期股权投资	22			永续债	60		
其他权益工具投资	23			租赁负债	61		
其他非流动金融资产	24			长期应付款	62		
投资性房地产	25			长期应付职工薪酬	63		
固定资产	26			预计负债	64		
在建工程	27			递延收益	65		
生产性生物资产	28			递延所得税负债	66		
油气资产	29			其他非流动负债	67		
使用权资产	30			非流动负债合计	68		
无形资产	31			负债合计	69		
开发支出	32			所有者权益（或股东权益）：	70		
商誉	33			实收资本（或股本）	71		
长期待摊费用	34			其他权益工具	72		
递延所得税资产	35			其中：优先股	73		
其他非流动资产	36			永续债	74		

续表

资产	行次	2021年初余额	2021年末余额	负债和所有者权益	行次	2021年初余额	2021年末余额
非流动资产合计	37			资本公积	75		
				减：库存股	76		
				其他综合收益	77		
				专项储备	78		
				盈余公积	79		
				未分配利润	80		
				所有者权益（或股东权益）合计	81		
资产总计	38			负债和所有者权益（或股东权益）总计	82		

表7.2 现金流量表

单位：元

项目	行次	2021年	2022年
一、经营活动产生的现金流量			
销售商品、提供劳务收到的现金	1		
收到的税费返还	2		
收到其他与经营活动有关的现金	3		
经营活动现金流入小计	4		
购买商品、接受劳务支付的现金	5		
支付给职工以及为职工支付的现金	6		
支付的各项税费	7		
支付其他与经营活动有关的现金	8		
经营活动现金流出小计	9		
经营活动产生的现金流量净额	10		
二、投资活动产生的现金流量			
收回投资收到的现金	11		
取得投资收益收到的现金	12		
处置固定资产、无形资产和其他长期资产收回的现金净额	13		
处置子公司及其他营业单位收到的现金净额	14		
收到其他与投资活动有关的现金	15		
投资活动现金流入小计	16		
购建固定资产、无形资产和其他长期资产所支付的现金	17		

续表

项目	行次	2021年	2022年
投资支付的现金	18		
取得子公司及其他营业单位支付的现金净额	19		
支付的其他与投资活动有关的现金	20		
投资活动现金流出小计	21		
投资活动产生的现金流量净额	22		
三、筹资活动产生的现金流量			
吸收投资收到的现金	23		
取得借款收到的现金	24		
收到其他与筹资活动有关的现金	25		
筹资活动现金流入小计	26		
偿还债务支付的现金	27		
分配股利、利润或偿付利息支付的现金	28		
支付其他与筹资活动有关的现金	29		
筹资活动现金流出小计	30		
筹资活动产生的现金流量净额	31		
四、汇率变动对现金及现金等价物的影响	32		
五、现金及现金等价物净增加额	33		
加：期初现金及现金等价物余额	34		
六、期末现金及现金等价物余额	35		

表 7.3 利润表

单位：元

项目	行次	2021年	2022年
一、营业收入	1		
减：营业成本	2		
税金及附加	3		
销售费用	4		
管理费用	5		
研发费用	6		
财务费用	7		
其中：利息费用	8		
利息收入	9		

续表

项目	行次	2021年	2022年
加：其他收益	10		
投资收益（损失以"-"填列）	11		
其中：对联营企业和合营企业的投资收益	12		
以摊余成本计量的金融资产终止确认收益（损失以"-"填列）	13		
净敞口套期收益（损失以"-"填列）	14		
公允价值变动收益（损失以"-"填列）	15		
信用减值损失（损失以"-"填列）	16		
资产减值损失（损失以"-"填列）	17		
资产处置收益（损失以"-"填列）	18		
二、营业利润（亏损以"-"号填列）	19		
加：营业外收入	20		
减：营业外支出	21		
三、利润总额（亏损总额以"-"号填列）	22		
减：所得税费用	23		
四、净利润（净亏损以"-"号填列）	24		
（一）持续经营净利润（净亏损以"-"号填列）	25		
（二）终止经营净利润（净亏损以"-"号填列）	26		
五、其他综合收益的税后净额	27		
（一）不能重分类进损益的其他综合收益	28		
（二）将重分类进损益的其他综合收益	29		
六、综合收益总额	30		
七、每股收益	31		
（一）基本每股收益	32		
（二）稀释每股收益	33		

六、项目管理进度

项目进度一般可以从以下三个层面展开阐述。第一个层面是目前已完成的情况，主要包含市场调研、产品研发、取得成果等。第二个层面是项目正在进行的部分，主要是项目正在开拓的情况。第三个层面是项目未来 1~3 年、3~5 年、5~10 年内将开展的工作。

七、团队介绍维度

团队是指有共同理想目标，愿意共同承担责任，共享荣辱，经过长期学习、磨合、调整和创新，形成的主动、高效、合作且有创意的团体。在创新创业大赛项目中，可以从团队本身、导师团队、团队专家顾问这三个维度来介绍团队情况。

（1）团队本身一般涉及专业与项目角色的匹配度，通常建议由已经毕业的、有实践经验的人员作为项目团队的有力支撑，在叙述的过程中要注意人、岗位、专业及职责分工的匹配性。

（2）导师维度可以介绍所进行的项目是不是依托学校的科研项目成果转移转化而来。如果是科转项目，专业技术的指导有哪些，导师专业度的认可及对应领域是什么。

（3）行业专家大咖的认证。一个项目产品，从理论到项目模型产品，从小规模的生产应用，到大规模的量产，一步一层都需要经过认证和试用。项目产品作为某行业的一类，行业专家的认可必不可少，他们对行业深耕精钻，因此，他们对产品的认可度既可以为项目的成长性发展提供有力的背书，又能给项目产品提供未来发展的方向。

八、投融资分析及资金使用情况分析

融资分析是指对项目投资的财务能力，如盈利能力、生存能力与偿债能力、抗风险能力等进行全面、系统的论述，并从单个项目延伸到项目组合投资分析。在项目初创或者成长的阶段，投融资不是盲目的。一方面，公司是否需要融资要根据实际情况来确定，而不是别人融资，我就融资。另一方面，投融资不是漫天要价，想融资多少就融资多少，要有理有据。

九、风险分析

风险，是指生产目的与劳动成果之间的不确定性，通俗地讲，风险就是发生不幸事件的概率。换句话说，风险是指一个事件产生我们所不希望的后果的可能性。其主要包含两层含义：一种定义强调了风险表现为收益不确定性；而另一种定义则强调风险表现为成本或代价的不确定性。风险分析一般包含风险评估、风险管理、风险情况交流三个方面。风险的不确定性给公司带来了经营的不确定性。为防患于未然，公司应提前预测，有准备地应对不确定因素。同时，公司所面临的风险往往伴随着机遇，我们要从风险中抓住机遇，用敏锐的目光捕捉到市场的发展前景，从而制定相关的应对措施，使企业能够长久地立足于竞争激烈的行业中。在创新创业大赛项目计划书中，风险分析及防范措施是必不可少的一环，这体现了创业者在创业过程中的商业风险意识（图7.1），并针对不确定因素，做出预判及相关的风险防范措施，于危机中求转机，于转机中求商机。

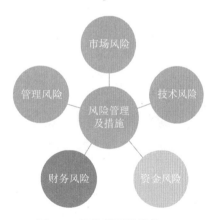

图 7.1 风险管理及措施

十、附件资料展示

附件资料作为项目的收尾，其实就是项目的附录。附件资料一般包括公司营业执照、财务报表、企业参保人员名单（注册公司项目）、市场调研报告、技术认证材料、知识产权材料、项目成果材料、

参考案例 7-2

专业的行业报告、销售合同、获奖证明材料等，它们是项目的有力支撑。

任务与思考

1. 结合自身专业、兴趣爱好，进行科创类竞赛项目的收集与整理。
2. 结合实际，确定一个科创项目，并完成项目申报书的撰写工作。

参考文献

［1］克莱顿·克里斯坦森，迈克尔·雷纳. 创新者的解答［M］. 李瑜偲，林伟，郑欢，译. 北京：中信出版社，2013.

［2］安宁，王成东，蔡渊渊. 大学生创新与创业教育［M］. 北京：中国轻工业出版社，2019.

［3］刘霞，宋卫. 大学生创新创业指导［M］. 北京：人民邮电出版，2019.

［4］龚德良，肖娟，王俊杰，等. 创新教育与创业基础［M］. 北京：水利水电出版社，2019.

［5］孙喜. 创新与创业管理［M］. 北京：中国人民大学出版社，2019.

［6］黄明睿，张进. 创新与创业基础［M］. 北京：高等教育出版社，2018.

［7］范新灿，韩晓洁. 创新创业实务［M］. 北京：机械工业出版社，2021.

［8］杨善林. 企业管理学［M］. 4版. 北京：高等教育出版社，2019.

［9］邓立治，邓张升，唐雨歆. 商业计划书案例：从创新创业大赛到创业实战［M］. 北京：机械工业出版社，2021.

［10］何雪利，王晓燕，王永祥. 从零到卓越：创新与创业导论［M］. 上海：上海交通大学出版社，2019.

［11］李焦明. 大学生创意创新创业实用教程［M］. 北京：电子工业出版社，2020.

［12］朱英明，张珩，童毛第. 创新驱动发展论［M］. 北京：经济管理出版社，2014.

［13］谈毅. 我国创新政策绩效评价研究［M］. 上海：上海交通大学出版社，2013.

［14］王君. 创新驱动发展：理论探索与实践［M］. 北京：北京理工大学出版社，2014.

［15］孙洪义. 创新创业基础［M］. 北京：机械工业出版社，2016.

［16］戚安邦. 创新项目管理［M］. 北京：中国电力出版社，2017.

［17］钱松. 创新工程实践［M］. 北京：化学工业出版社，2018.